编写名单

主　　编　吴邵萍
副 主 编　徐　蓓　马　岚
编写人员　顾婷婷　孙可欣　孙海清
　　　　　孙欣月　徐　蓓　马　岚

0—3岁
婴幼儿课程

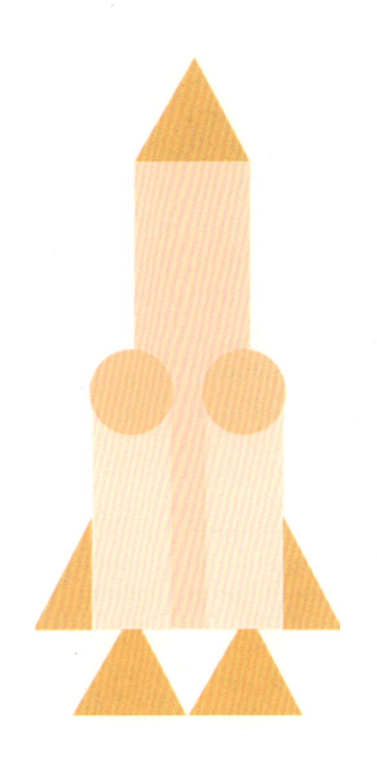

19-24
MONTHS
PARENT-CHILD
CURRICULUM

19—24个月
亲子课程

吴邵萍 主编

南京师范大学出版社

图书在版编目(CIP)数据

0—3岁婴幼儿课程. 19—24个月亲子课程 / 吴邵萍主编. —南京：南京师范大学出版社，2024.8
ISBN 978-7-5651-6329-6

Ⅰ. G613

中国国家版本馆 CIP 数据核字第 2024W6V706 号

0—3 岁婴幼儿课程
19—24 个月亲子课程

主　　编	吴邵萍
策划编辑	张　莉
责任编辑	张　莉
出版发行	南京师范大学出版社
地　　址	江苏省南京市玄武区后宰门西村 9 号(邮编：210016)
电　　话	（025）83598919(总编办)　83598412　83598312(营销部)
网　　址	http://press.njnu.edu.cn
电子信箱	nspzbb@njnu.edu.cn
照　　排	南京开卷文化传媒有限公司
印　　刷	江苏凤凰通达印刷有限公司
开　　本	787 毫米×1092 毫米　1/16
印　　张	8.5
字　　数	176 千
版　　次	2024 年 8 月第 1 版
印　　次	2024 年 8 月第 1 次印刷
书　　号	ISBN 978-7-5651-6329-6
定　　价	40.00 元

出版人　张　鹏

南京师大版图书若有印装问题请与销售商调换

版权所有　侵权必究

序

我园自1992年开始研究托班教育,并在2006年出版了《托班课程教师用书》上下册第一版,可称为我园0—3岁婴幼儿教育研究的1.0时代;1997年起,在省规划重点课题的引领下,我们又不断将0—3岁婴幼儿的教育研究向下延伸至7个月,并在2013年出版了《0—6岁儿童一体化亲子课程》,可称为我园0—3岁婴幼儿教育研究的2.0时代;2015年起,我们又展开了深化"自主、融通"开放性园本课程的研究,并在2018年出版了《2—3岁开放性区域活动指导》和《不可逆的0—3岁亲子课程》,可称为我园0—3岁婴幼儿教育研究的3.0时代;本套丛书(《7—12个月亲子课程》《13—18个月亲子课程》《19—24个月亲子课程》《25—30个月托育课程》、《31—36个月托育课程》,以及托班课程两册阅读材料和操作单)是我园1992年至今研究0—3岁亲子课程和托班课程32年的又一成果,可称为我园0—3岁婴幼儿教育研究的4.0时代。在这32年的实践研究过程中,我们始终做到四个坚持。

1. 坚持"把培养0—3岁儿童身体、认知、语言、情感与社会性等各方面和谐发展的'完整的儿童'作为根本任务"[①]。在编制和实施婴幼儿亲子课程和托育课程时,我们重视课程结构的均衡性、综合性,努力做到将婴幼儿的经验和生活整体地联系,关注到各种学科知识之间的联系和一体性。课程内容包含了动作、语言、认知、情感与社会性等,我们将各领域最基本、最重要的发展任务和内容进行了一体化横向整合,不断将其深化和具体化,使其更具有可操作性,更方便教师们使用。我们在7—24个月的亲子课程设计与组织实施中采用主题整合课程。我们的每一次亲子课程活动都是以一个具体主题有机整合各领域学习内容。虽然每次课程主

---

① 吴邵萍.0—6岁儿童一体化亲子课程教师用书[M].上海:华东师范大学出版社,2013:3.

题名称不同,或以图画书的名称呈现,或以玩具的名称呈现,或以材料呈现,或以教曲名称呈现……但是,无论是什么主题,在一次课程中必然整合了身体、认知、语言、情感与社会性等学习内容,保障每次课程活动都指向儿童的全面发展。25—36个月的托育课程则是以两周一个主题有机整合各领域学习内容来落实全面发展。[1]

2. 坚持"从0—6岁儿童发展连续性的一体化视角整体构建亲子课程"。我们将婴幼儿终身可持续发展的素养从0岁起落地。如,学习的自主感,从7个月开始的亲子课程,我们就在每次的固定环节中安排了婴幼儿15分钟的自主游戏时间,让婴幼儿自主决定选择喜欢的玩具,选择在哪儿玩、怎么玩、玩多长时间等,呵护婴幼儿的主体性和积极性,激发自我成长的潜能。当然,我们也通过此环节帮助家长认识到,儿童自主性是天性需要,作为成人要给予儿童自选的机会,发展儿童的自主性。同时,我们也让家长认识到:儿童的独立性是相对的,仍然需要家长的陪伴和指导。再如,每一次亲子课程中教师都采用让婴幼儿自主探索在前,教师示范演示在后的方式,从7个月婴儿的第一次亲子课程就开始实施,并贯穿于每一次亲子活动的全环节及整个婴幼儿亲子课程和托育课程。

3. 坚持对儿童指导和对家长指导整合性的一体化视角构建亲子课程。亲子课程既是婴幼儿游戏和学习的活动,也是家长学习育儿的活动。因此,亲子课程要确保婴幼儿和家长都能从中获得成长和进步。我们通过教案文本双维结构、课程实施环节双维指导落实家长培训和儿童发展的一体化。为了给予家长持续的、反复运用的有效资源的支持,不断改善家长育儿观念和行为的策略,保障0—3岁一体化亲子课程真正循序渐进地推进家长发展,始终陪伴家长的成长,并保障儿童学习和家长培训的一体化。第一,明确亲子课程备课、教案构成和文本必须指向儿童和家长两个维度。通过教师备课、具体的活动教案,使每一次亲子课程都成为家长学习培训的教材,使家长获得持续的支持,在每次活动中都能获得建议和指导。我们将亲子课程教案分成左右两栏。左边的活动目标和活动内容指向儿童的发展,右边的活动目标和内容指向家长的发展。第二,明确课程实施的每一环节必须指向儿

---

[1] 吴邵萍.0—6岁儿童一体化亲子课程[M].上海:华东师范大学出版社,2013:3.

童和家长两个维度。在实施课程时,教师不仅在实施前要向家长介绍亲子活动大环节的安排和每一个环节对儿童的教育作用,还要帮助家长了解每一个环节活动的价值。在每个环节儿童学习之前,都必须先告知家长此环节对于儿童的发展价值是什么,发展状态可能是怎样的,并帮助家长明确从哪些方面去观察儿童。在儿童学习之后,教师告知家长儿童每个行为表现对应的发展状态是怎样的,面对这样的发展状态,家长可以做什么、怎么做,不应该做什么……在第二次上课时教师要通过儿童的行为反馈、分析家长在家里哪些行为是有所改变的,让家长体会到自己改变和儿童改变之间的关系,逐步帮助家长即使脱离了教师,依然能够指导儿童朝正确方向去发展。[①]

4. 坚持以实践研究为本,努力建构0—3岁本土化、体系化、具有可操作性的亲子课程。我们立足一线实践者的需求,依据中国婴幼儿生活特点、文化特点等,依据婴幼儿月龄特点来设计、实施和评价亲子课程。我们不仅使用具有中国文化特点的儿歌、图画书、音乐和歌曲,具有中国特色的婴幼儿玩具、材料和游戏,而且坚持设计的每一个活动都不断地经过实践检验,反复验证、不断改进,使其更加适合各个月龄婴幼儿发展需求,不断推进每个发展阶段婴幼儿的充分发展、全面发展。本书中的每一个活动都是经历过三轮以上的反复实践验证,经过不同层次教师实施后反思改进的成果。我们期望以此作为培训教师的指导,使其在使用的过程中,熟悉并逐步掌握0—3岁婴幼儿身心发展的特点和教育规律,成为教师设计实施亲子课程和托育课程的支架,使教师在此基础上,关注本地、本班婴幼儿学习的差异性,根据自身特点形成适合于自己的0—3岁婴幼儿亲子课程和托育课程。

本书在坚持以上四个原则的基础上紧密结合国家最新文件的理念,全面落实《托育机构质量评估标准》的精神。主要体现在以下四个方面。

一是婴幼儿的月龄要求和评价指标、托育课程的主题目标和每一个活动目标都是对应《托育机构质量评估标准》"动作、认知、语言、情感"四个领域来描述婴幼儿的学习和发展的。婴幼儿的发展是整体的,同一活动往往涉及若干相关经验,我们以关键经验整合多领域发展设计活动,让每一次亲子课程、每一个活动都有目

[①] 吴邵萍.0—6岁儿童一体化亲子课程教师用书[M].上海:华东师范大学出版社,2013:7-8.

的、有计划、循序渐进地涵盖了"动作、认知、语言、情感"四个领域的关键经验,为婴幼儿提供全面的发展支持,以确保婴幼儿在全面和谐的环境中学习和成长。

二是在全面支持婴幼儿发展的前提下,凸显了"利用机会和婴幼儿共读图书、共念儿歌、促进婴幼儿的语言发展"。不仅强化每次亲子活动中全环节、全方位的伴随式语言学习,在每次亲子活动中都设有明确的语言学习的目标,还结合婴幼儿学习语言的特点,根据每次认知活动中实物的特点,创编了相对应的儿歌,在课程中增加了大量的教师和婴幼儿、家长和婴幼儿、教师和家长之间的多向互动环节,并将共读图书、共念儿歌、促进婴幼儿的语言发展延伸至家庭之中,全空间、全时段地促进婴幼儿的语言发展。

三是重视环境和操作材料对婴幼儿的发展支持。"为婴幼儿提供丰富的感知环境和操作材料,引导和支持婴幼儿利用视、听、触、嗅等各种感觉器官探索感知,获得丰富的直接经验。"感官学习在婴幼儿时期占有举足轻重的地位。它不仅是婴幼儿认知发展的基础,还对他们的情感、社交和身体发展起到积极的推动作用。因此,我们充分关注婴幼儿的感官学习需求,为他们提供丰富多样的感官刺激玩具材料,依据婴幼儿各方面的发展需求,循序渐进地、有针对性地提供支持。我们按照不同月龄儿童的生理基础和发展需要设计了推进大小肌肉动作循序渐进发展的多项系列活动。如,小肌肉练习活动有:粘贴系列、插拔动作系列、套挂系列、舀球系列、撕纸系列……而舀球系列按照舀球工具、操作难度和舀球环境的不同又分为:用大汤勺舀海洋球、水中舀球、用奶粉勺舀球、舀球大赛……①

四是"根据婴幼儿月龄特点和发展水平,提供自我照料的机会,鼓励婴幼儿发展生活自理能力""鼓励婴幼儿尝试完成力所能及的任务,使婴幼儿感受自己的能力,增强自信心和自主性"。我们在7个月的第一次亲子课程中,就将让婴幼儿自己收拾自己使用过的每一样玩具材料的理念传达给家长,并让参加活动的家长由开始的自己示范并讲解给自己的孩子看和听,到逐渐发展到带领自己的孩子一起收拾,当孩子能走时,我们就通过语言指导他们自己收拾,直至帮助他们养成主动收拾的习惯。我们将这一理念贯穿于整个亲子课程和托育课程,帮助家长建立婴幼

---

① 吴邵萍.0—6岁儿童一体化亲子课程教师用书[M].上海:华东师范大学出版社,2013:6.

儿是能胜任力所能及任务的观念，让婴幼儿不断感受到自己的能力，发展他们的自信心和自主性。

另，本书运用了国家卫生健康委办公厅2022年11月印发的《3岁以下婴幼儿健康养育照护指南（试行）》中"养育人"的提法，凸显"对婴幼儿进行良好的养育照护和健康管理是实现儿童早期发展的重要举措""父母是婴幼儿的养育照护和健康管理的第一责任人"，将过去的"家长目标"改为"养育人目标"，将过去的"家长关注要点"改为"养育人关注要点"。

本丛书的编写框架结构为：

《7—12个月亲子课程》是每周一节亲子活动，共有24个活动。整本书是按照3个月为一个阶段写的，由7—9个月亲子活动和10—12个月亲子活动，以及0—3岁托育机构各种相关规章制度三部分组成。7—9个月部分主要由7—9个月教养活动与要求、7—9个月亲子活动固定流程，以及每个月具体的亲子活动组成；10—12个月部分主要由10—12个月教养活动与要求、10—12个月亲子活动固定流程以及每个月具体的亲子活动组成；第三部分是规范开办0—3岁托育机构的各项规章制度和规范细则，它包含卫生保健、一日生活作息制度、家长工作制度、教师培训制度等20个制度。该部分给大家提供借鉴，最大限度地满足当下0—3岁托育机构一线教师的需求。

《13—18个月亲子课程》是每周两节亲子活动，共有48个活动。整本书是按照6个月为一个阶段写的，由13—18个月教养活动与要求、13—18个月亲子活动固定流程，以及每个月具体的亲子活动组成。

《19—24个月亲子课程》也是每周两节亲子活动，共有48个活动。整本书也是按照6个月为一个阶段写的，由19—24个月教养内容与要求、19—24个月亲子活动固定流程，以及每个月具体的亲子活动组成。

《25—30个月托育课程》《31—36个月托育课程》则是按照每两周一个主题编排，每本书是10个主题。每个主题由周工作计划、主题说明、主题目标、教学活动设计组成。其中每个主题都有一个亲子活动，延续7—24个月的亲子课程对家长的持续指导。

多年来，南京市北京东路小学附属幼儿园的全体教师始终充满热情地参与课程编制、实践及整理总结的全程,付出了辛勤的劳动,贡献了自己的智慧。

在7—36个月亲子课程和托育课程的建构过程中,我们得到了诸多专家教授的指导和帮助。尤其是南京师范大学的许卓娅教授、孔起英教授、张俊教授,自课程建构起至今,长期持续地在课程理论和课程实践方面给予我们指导,使我们的课程得以不断地向前推进。在此感谢他们对我们的帮助和指导。

本丛书是我的团队自2018年1月由华东师范大学出版社出版《不可逆的0—3岁亲子课程》七年后的又一成果,但由于我们水平所限,书中难免有表达不够清晰或不够妥当之处,恳请大家予以批评指正。

吴邵萍

南京市北京东路小学附属幼儿园

2024年6月5日

目 录

序 ·· 1

19—24个月教养内容与要求 ·· 1

19—24个月亲子活动固定流程 ·· 3

19个月 ·· 6

活动一：长饼干 ·· 6
活动二：卜卜和春天 ·· 8
活动三：玩转盘子 ·· 11
活动四：喂喂小动物 ·· 13
活动五：图形找家 ·· 15
活动六：睡了 ·· 17
活动七：彩泥花瓶 ·· 19
活动八：夹子夹夹 ·· 22

20个月 ·· 25

活动九：拉线玩具 ·· 25
活动十：看我怎么跳 ·· 27
活动十一：小青蛙的彩色梦 ·· 30
活动十二：穿"项链" ·· 32
活动十三：好吃的草莓 ·· 35
活动十四：纸杯玩玩 ·· 37
活动十五：鸟窝 ·· 39
活动十六：奶粉勺舀球 ·· 42

21个月 ·· 44

活动十七：罐子咣啷啷 ·· 44
活动十八：围圈圈 ·· 46
活动十九：小动物藏猫猫 ·· 49

活动二十：夹小球……………………………………………… 51
　　活动二十一：刷牙………………………………………………… 54
　　活动二十二：身体对对碰………………………………………… 56
　　活动二十三：好吃的橘子………………………………………… 59
　　活动二十四：抽屉里的秘密……………………………………… 62

22个月 ………………………………………………………………… **64**
　　活动二十五：水果箱……………………………………………… 64
　　活动二十六：小马………………………………………………… 66
　　活动二十七：点点衣……………………………………………… 68
　　活动二十八：舀球大赛…………………………………………… 71
　　活动二十九：切切乐……………………………………………… 73
　　活动三十：我们不怕大野狼……………………………………… 75
　　活动三十一：打蚊子……………………………………………… 78
　　活动三十二：追小动物…………………………………………… 81

23个月 ………………………………………………………………… **83**
　　活动三十三：弯弯的香蕉………………………………………… 83
　　活动三十四：大皮球……………………………………………… 85
　　活动三十五：玩转奶粉罐………………………………………… 88
　　活动三十六：玩具拉链袋………………………………………… 90
　　活动三十七：图形屋……………………………………………… 93
　　活动三十八：纱巾游戏…………………………………………… 95
　　活动三十九：穿花衣的小老鼠…………………………………… 97
　　活动四十：水中舀球……………………………………………… 100

24个月 ………………………………………………………………… **102**
　　活动四十一：小老鼠的尾巴……………………………………… 102
　　活动四十二：小毛驴……………………………………………… 104
　　活动四十三：花手帕……………………………………………… 107
　　活动四十四：花片找家…………………………………………… 110
　　活动四十五：过生日……………………………………………… 113
　　活动四十六：做蛋糕……………………………………………… 116
　　活动四十七：仙人掌树…………………………………………… 118
　　活动四十八：西蓝花……………………………………………… 120

19—24个月教养内容与要求

　　2岁左右的宝宝已经会走路,处于最活泼好动的时期,开始喜欢到处跑,也能较好地控制自己身体的平衡。经常有机会练习上下楼梯的宝宝,开始能够独自上下楼。

　　词汇量开始增加,有的宝宝从单词句变成双词句,会自创新词,掌握新词的速度突飞猛进。

　　宝宝开始能够在行动前在头脑中进行思考、预期行动的结果、直接做出反应。开始能口头数数,虽然宝宝会唱数,但这并不等于宝宝已理解数字和量的关系。

　　会用口头语言进行情绪表达,对自己能独立地表现一些技能感到骄傲,有更强的自我意识。

⭐ 动作

1. 连续跑3—4米但不稳。
2. 开始做原地跳跃动作。
3. 能用前端为小木棒的绳子串大珠子。

⭐ 语言

1. 对词义的理解逐渐加深,对词的概括能力在逐步提高。此时开始理解"爷爷""奶奶"也可指所遇见的其他老人,开始由具体认识发展为概括理解。
2. 进入真正理解词语的阶段,即可以脱离具体情境,准确地把词与物体或动作联系起来。
3. 开始辨认书中角色的名字,看到熟悉的书或图片会说出简单的词。

⭐ 认知

1. 形成客体永久性,他们甚至能够在自己的脑海中想象出物体从一边运动至另一边。
2. 能认识一些基本颜色,如红、黄、蓝、绿。能根据单一特征(比如颜色或形状)匹配相同的客体。

3. 开始进入关注细小事物的敏感期，越是细小的东西关注得越多。

⭐ 情感与社会性

1. 具备最基本的社会知觉能力，但推测他人意图的社会认知能力还在继续发展。
2. 会帮忙做事，如学着把玩具收拾好。
3. 游戏时能模仿父母更多的生活动作，想象力增强。

19—24个月亲子活动固定流程

一、接待时光

1. 接待：教师热情迎接每位宝宝，鼓励宝宝与教师、同伴打招呼，学说礼貌语言"××好"。

2. 自选游戏：鼓励宝宝从玩具架上自选一种玩具，能坚持玩一会儿，培养专心玩玩具的习惯。

3. 收放玩具：播放背景音乐《三只熊》，养育人和宝宝建立听信号收玩具的习惯，养育人观察并提醒宝宝将玩具归还原处。

二、问候时光：小鼓，你好！

1. 教师出示小鼓和鼓槌，吸引宝宝坐在教师的腿窝里自我介绍。

（1）教师：咚咚咚，小鼓，小鼓你好呀，我的小鼓会问好。

（2）邀请宝宝轮流坐到教师的腿窝里，双手拿鼓槌敲一敲小鼓。

宝宝：大家好，我叫××，我2岁啦！

2. 养育人与宝宝集体拍手回应：××，××欢迎你！

三、韵律时光：跟着教师去散步（歌曲《六只小鸭》）

1. 教师引导养育人和宝宝按逆时针方向站双圆，养育人在外圈，宝宝在里圈。

2. 教师带领养育人与宝宝跟随音乐节奏做小鸭走、喝水、蹲下、转圈、抬脚等散步动作，并用语言或动作提示养育人在每一个动作转换前及时做好准备。

养育人关注要点：

☞ 养育人引导宝宝与教师、同伴打招呼，学说"××好"。

☞ 养育人和宝宝一起玩玩具，引导宝宝按自己的意愿选择玩具，一个玩具多玩一会儿。

☞ 养育人有意识地让宝宝参与收玩具，提醒宝宝轻轻拿、轻轻放玩具。

☞ 养育人引导宝宝循声找朋友，看向拿小鼓的小朋友，并回应问好。

☞ 养育人在教师的带领下，陪伴宝宝随乐行走，帮助其感受音乐节奏，增强亲子间的感情。并帮助宝宝尝试做出小鸭模仿动作，锻炼身体控制能力。

四、温馨时光:详见具体活动

五、运动时光:详见具体活动

六、道别时光

1. 放松活动《礼貌操》。

教师播放《礼貌操》音乐,边示范边用语言提示,引导养育人与宝宝跟随做操。

2. 道别活动《再见歌》。

教师带领养育人和宝宝边唱歌边挥手说再见。

> 活动初期养育人与宝宝一起做操,熟悉操节动作,了解每一个动作的价值。宝宝熟悉操节动作后,可以引导宝宝跟随教师独立做操,逐步从被动操向主动操转换。

> 养育人引导宝宝眼睛看着教师,用手部动作做出或者用语言说出再见。

活动材料

小鼓、鼓槌

儿歌及玩法

礼貌操

欢迎欢迎、欢迎欢迎,(双手掌心向外,伸直手臂,向前挥动手掌,重复4次)

早上好!(手臂自然放在身体两侧,弯腰、点头)

拍手拍手、拍手拍手,(双手手掌在胸前,轻拍手掌,重复4次)

你好!(手臂自然放在身体两侧,弯腰、点头)

谢谢谢谢、谢谢谢谢,(双手抱拳在胸前,手臂向前、收回,重复4次)

谢谢你!(手臂自然放在身体两侧,弯腰、点头)

再见再见、再见再见,(双手手掌向外在胸前,左右挥动手臂,重复4次)

再见喽!(双手手掌向外在胸前快速摇动)

歌曲

再见歌

1=C　　2/4

<u>1 1</u>　<u>1 3</u> | 5 3 | 6 4 | 5 3 |
挥 挥　手 说　 再 见、再 见、再 见，

<u>1 1</u>　<u>1 3</u> | 5 3 | 4 2 | 1 — ‖
挥 挥　手 说　 再 见，说 再　见！

19 个月

活动一：长饼干

⭐ 宝宝目标

1. 认识长条饼干，感受长条饼干由长变短再变没有的过程。
2. 学习说"长长的""变短了"。

⭐ 活动准备

1. 人手一份操作材料：玩具长饼干（8—10 厘米长的塑料小棍或吸管 8—10 根）、小嘴动物盒、托盘、湿纸巾、小碗。
2. 长条形饼干 1 包、长条积木 1 筐、贴有河马头像的大转碗 1 个，平衡步道 1 块。

⭐ 活动过程

一、接待时光
二、问候时光　　详见 19—24 个月亲子活动固定流程
三、韵律时光
四、温馨时光

1. 认识长饼干。
（1）教师出示长饼干：这是饼干。
（2）教师打开包装：许多饼干——拿一根长长的饼干。

> **养育人目标：**
> 1. 鼓励宝宝用语言表达饼干的样子，如"长长的""变短了"。
> 2. 通过语言和动作，鼓励宝宝知道每次拿一根，对准小动物的嘴巴喂"长饼干"。

> **养育人关注要点：**
> 对于正在学习咀嚼和吞咽的宝宝来说，长饼干是一个很好的选择，其形状和质地有助于宝宝锻炼咀嚼能力。

（3）教师走近每个宝宝，依次让宝宝观察，并说"长饼干"。

2. 教师吃饼干，宝宝观察饼干逐渐变短的现象。

（1）教师示范用湿纸巾擦手，并请每个宝宝拿一张湿纸巾，鼓励宝宝自己擦手。

（2）教师吃饼干，宝宝观察现象。

教师：饼干怎么了？（变短了）又怎么了？（没有啦）

（3）教师走近每个宝宝，鼓励其倾听咀嚼饼干的声音，同时给每个宝宝一根饼干品尝。

3. "喂小动物吃饼干"游戏。

（1）教师边出示操作材料边讲解：还有谁想吃长长的饼干？（小动物）

（2）教师走近每个宝宝，依次让宝宝指认小动物的"嘴巴"。

（3）教师边出示"长饼干"（玩具棍），边示范边讲解游戏过程。

教师：一根一根拿，一根一根喂饼干；喂完摇一摇、听一听。打开盒子看一看、倒出饼干，盖盖子。

（4）教师走近每个宝宝，依次让宝宝喂一根饼干给小动物吃，观察宝宝的操作动作。

4. 养育人和宝宝面对面游戏。

（1）观察宝宝的操作动作，拿饼干时是一把抓还是做出拇食指对捏动作。

（2）指导养育人鼓励宝宝左右手都试着做出操作动作，锻炼宝宝左右手动作的均衡发展。

（3）引导养育人观察宝宝打开、关上盒子的方法，有需要时，适当提供帮助。

五、运动时光：喂喂长饼干

1. 教师出示长条积木，边示范边讲解亲子游戏的玩法。

教师：宝宝每次拿两块长饼干（长条积木），走过平衡步道，将其送到教室另一端的河马（贴有河马头像的大转碗）嘴巴里。

2. 养育人和宝宝共同游戏。

☀ 养育人观察宝宝是否愿意品尝饼干，能否将长饼干嚼碎并吞咽。

☀ 养育人观察宝宝能否将长棍喂进小动物的嘴巴里。如果宝宝能对准喂进去，养育人可以鼓励宝宝拧开盖子把棍子拿出来反复游戏。如果宝宝对活动不感兴趣或者喂不进去，养育人可以语言鼓励宝宝给小动物喂饼干；如果宝宝还是喂不进去，养育人可以拿着宝宝的手对准动物嘴巴喂饼干，帮助宝宝感受对准喂的动作。

☀ 在家庭活动中，养育人也可以利用生活中的各种物品，并且通过不同的游戏和宝宝一起来辨别长短，加深印象。比如玩棍子、绳子、吸管，吃长条水果、面条等食物的时候，也可以感受长短变化。

☀ 拿积木走平衡步道，一是锻炼宝宝独立走的能力，养育人观察宝宝能否在平衡步道上走稳；二是锻炼宝宝有目的地完成任务。

六、道别时光：详见 **19—24** 个月亲子活动固定流程

活动材料

小嘴动物盒　　　　长条饼干 　　　　长条积木

大转碗 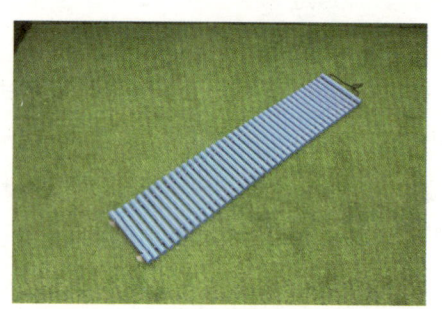　　　　平衡步道

活动二：卜卜和春天

⭐ **宝宝目标**

1. 跟随老师的讲述和逐页翻书动作，指认或说出书中的角色"太阳""蝴蝶""花""风筝"等。
2. 尝试在养育人的引导和带动下晃动手摇铃跟随音乐摇奏。

⭐ **活动准备**

1. 人手一份材料：乐器（手摇铃 1 对），放乐器的

> **养育人目标：**
> 1. 观察宝宝能否关注画面，鼓励宝宝用简单的语言或动作回答养育人的问题。
> 2. 引导宝宝晃动手摇铃随乐进行摇奏。

小筐 2 个,纱巾 1 条。

2. 图画书《卜卜和春天》1 本,音乐《春天》。

⭐ 活动过程

一、接待时光
二、问候时光 ⎬ 详见 **19—24 个月亲子活动固定流程**
三、韵律时光
四、温馨时光

1. 教师讲述图画书《卜卜和春天》,引导宝宝观察画面信息,感知春天的特点。

（1）引导宝宝说一说书上有谁,你看到了什么?

（2）教师走近宝宝,逐一让宝宝指一指故事中的卜卜所看到的春天景色。

2. 教师完整讲述图画书,加深宝宝对故事中春天景色的感知。

教师:春天有花、有草、有蝴蝶、有风筝,春天真美呀！你们想听一听关于春天的歌吗?

3. 教师清唱歌曲《春天》,引导宝宝再次感知春天的特点。

4. 教师出示手摇铃,引导宝宝了解名称,感知演奏方法。

教师:春天这么美,听一听谁来和我们做游戏了?

（1）教师在身后摇动手摇铃,引导宝宝猜测乐器。

教师:听！什么乐器在唱歌?

（2）教师逐一出示手摇铃,引导宝宝辨认并说出名称。

（3）教师示范演奏手摇铃的方法,引导宝宝徒手观察模仿乐器演奏的方法。

教师:拿好手摇铃轻轻摇动,铃铃铃。

（4）教师走近宝宝,引导每个宝宝说出乐器(手摇铃)的名称,并尝试轻轻把玩与敲击。

5. 教师慢速哼唱歌曲,引导养育人带动宝宝拿手摇铃,尝试演奏 2—3 遍。

6. 演奏结束,教师提醒宝宝将乐器归还到乐器筐里。

养育人关注要点:
- 观察宝宝能否根据养育人的语言指认"太阳""蝴蝶""花""风筝"等,尝试对教师的问题用简单的词语进行回应。

- 养育人观察宝宝能否自主摇奏乐器跟随教师和音乐进行演奏。

- 养育人可以与宝宝一同说一说乐器的名称,并模拟乐器的音效。

- 宝宝不愿意自主演奏时养育人可带动宝宝双手一起演奏。

- 帮助宝宝建立收放的意识,在每次活动中建立良好的习惯。

五、运动时光：纱巾放风筝

1. 教师出示纱巾，引导养育人和宝宝将纱巾当作风筝，披着纱巾迎风奔跑。
2. 养育人拿纱巾跑宝宝追。
3. 宝宝拿着纱巾像放风筝一样奔跑，养育人追逐。

六、道别时光：详见 19—24 个月亲子活动固定流程

> 宝宝已经能够较稳地行走，在和养育人追逐的过程中，锻炼宝宝由走向跑进行过渡和练习。在游戏和互动中促进宝宝平衡能力和腿部力量发育。

故事

卜卜和春天

文　肖宁

春天来了。

嗯，真舒服。

"小花、小草，你们也在晒太阳啊。"

"嗡嗡嗡……"小蜜蜂飞来采花蜜。

大蝴蝶也飞来了。

轻轻地、轻轻地……

哎呀，飞走了！

咦，大蝴蝶怎么飞到天上去啦？

原来是妈妈在放风筝呀！

卜卜也要试一试。

转呀转，跑呀跑……

看，卜卜的风筝飞得最高！

歌曲

春 天

1=C　2/4　　　　　　　　　　词曲　佚名

| 5 3 | 5 6 5 3 | 2 — | 1 2 | 3 2 1 2 | 3 — |
春天　天气　真正　好，　　地上　长出小青　草，

| 5 3 | 5 6 5 3 | 2 — | 3 5 | 2 1 3 2 | 1 — |
树上　小鸟　喳喳　叫，　　花儿　开得多么　好！

活动三：玩转盘子

⭐ 宝宝目标

1. 认识白色的纸盘，尝试用抓捏的动作挤出颜料，用抓撒纸屑的方法制作出彩色的盘子。
2. 学习说"抓""捏""撒"等词语。

⭐ 活动准备

1. 人手一份材料：白纸盘，颜料挤滴瓶，彩色碎纸屑，抹布、大布圈等。
2. 宝宝在活动前穿好护衣。

⭐ 活动过程

一、接待时光
二、问候时光　详见 19—24 个月亲子活动固定流程
三、韵律时光
四、温馨时光

1. 盘子的游戏。
（1）教师用一个彩色盘子遮住脸，和宝宝"藏猫猫"。
教师：宝宝们，这是什么呀？引导宝宝说"盘子"。
（2）引导养育人和宝宝共同说说盘子是干什么用的。
（3）教师引导养育人：盘子可以怎么和宝宝玩一玩？
（4）每个宝宝一个盘子和养育人互动玩一玩。
（遮住脸躲一躲，藏一藏找出来，滚一滚，转一转……）
（5）把盘子交还给教师。
2. 出示白盘子，进行美术活动。
教师：这是什么？什么颜色？
（1）引导宝宝练习说"盘子""白"等。
（2）教师引导宝宝和养育人共同关注游戏材料，理解玩法。
教师：盘子不仅可以用来玩，还可以装好吃的东西

养育人目标：
1. 用语言、动作提示并鼓励宝宝用抓捏、抓撒的方法参与活动。
2. 引导宝宝在制作的过程中，边做动作边说"抓""捏""撒"等字音。

📎 生活中的日常用品、废旧物品也可以作为宝宝的游戏材料，引导宝宝摆弄盘子，感受其形状、质地等特点。也可以使用形状不同的盘子，帮助宝宝多感官参与，感受盘子的多样性，试试一物多玩。

📎 鼓励宝宝练习发音，尝试多说字、词、短句。

11

呢。看看老师这里有很多彩色的颜料,宝宝觉得会是什么好吃的东西呢?

(3) 教师边讲解边示范制作。

教师拿一瓶红色颜料示范:红红的会是什么呢?挤一个红红的萝卜,再挤一个红红的大虾。

教师:你还想吃什么?

教师示范抓、撒彩色碎纸屑:还可以放点调料,各种好吃的都撒点。

教师:一盘好吃的做好了,请宝宝们尝一尝。

(4) 宝宝在养育人协助下制作"一盘美食",教师巡回指导。

教师:宝宝想做什么好吃的呢?

(5) 宝宝们相互欣赏,介绍自己的"美食"。

五、运动时光:大布圈

1. 出示大布圈,教师介绍玩法。

(1) 游戏情境:大大的盘子装"点心",宝宝坐进"大盘子"(布圈)里。

(2) 请一个宝宝坐进大布圈里,教师示范推、转大布圈,可根据观察到的宝宝的反应,加快推、转的速度。

2. 鼓励养育人利用"大盘子"(布圈)和宝宝玩各种游戏,如钻爬、推滚、跨走等。

六、道别时光:详见 **19—24** 个月亲子活动固定流程

> 养育人可观察宝宝撒纸屑的动作,如果宝宝能自如地抓撒,养育人可引导宝宝说一说撒的是什么好吃的;如果宝宝不能自如地抓起纸屑,养育人可引导宝宝观察成人的手抓纸屑的动作,并放慢速度帮助宝宝观察;如果宝宝仍不能抓起纸屑,养育人可拿住宝宝的小手,帮助宝宝学习抓的动作,练习宝宝手指精细动作。

> 对于已经能稳定独走的宝宝来说,我们可以创设更多的"障碍"帮助宝宝锻炼身体的平衡性。例如翻越或跨越有一定高度和宽度的障碍,宝宝需要调动全身肌肉力量,协调地运动。

活动材料

颜料挤滴瓶、纸盘、彩色碎纸屑

大布圈

活动四：喂喂小动物

⭐ **宝宝目标**

1. 学习用勺子舀小雪花片的方法给小动物"喂食"。
2. 辨认小动物造型，学说"××，吃饭"。

⭐ **活动准备**

1. 人手一份材料：大嘴小动物盒（小猫、小狗、小兔、青蛙、熊猫等造型）、雪花片、碗、勺、小筐。
2. 玩具篮球架1个，装满球的球筐、空球筐各1个，平衡步道1块。

⭐ **活动过程**

一、接待时光
二、问候时光　　详见19—24个月亲子活动固定流程
三、韵律时光
四、温馨时光

1. 出示制作的小动物"大嘴"盒，引导宝宝逐一观察认识。

（1）教师引导宝宝用语言、动作表达对小动物的认识。

教师：这里有哪些小动物？它们是谁？

（2）引导宝宝数一数一共有几个小动物。

2. 通过游戏情境引出活动。

教师：小动物肚子饿了，我们喂它们吃饭吧。

3. 教师边讲解边示范使用勺子舀"饭"的方法。

教师：手拿小勺子，转动手腕，"饭"（雪花片）就挖起来了。

教师：勺头对准小动物的嘴巴，把"饭"送进"嘴巴"里。

4. 宝宝尝试用勺子喂小动物吃东西。

养育人目标：
1. 观察宝宝抓握勺子的方法，知道要喂到小动物的"嘴巴"里去。
2. 引导宝宝愿意边喂边学说"××，吃饭"。

养育人关注要点：
🔖 自己吃饭是宝宝成长中的一个重要里程碑，但不要着急，也不要在宝宝没准备好之前就试图强迫他自己吃饭。掌握用勺子自己吃饭对小宝宝来说是一项很复杂的技能，因为一般要进入学步儿阶段一段时间后，宝宝才能做到把一勺吃的放进嘴里的精细动作控制。宝宝手腕关节的骨骼直到大约18个月时才会变硬，在这之前，宝宝要弯曲手腕并把吃的准确送到嘴里是很困难的。

19个月

13

(1) 宝宝人手一份材料,养育人模仿教师示范引导宝宝独立操作进行游戏。

(2) 养育人一边观察宝宝的动作,一边运用情境性的语言激励宝宝反复操作,引导宝宝说"小猫咪,吃饭"。

(3) 提醒宝宝对准"嘴巴"喂"饭",尽量不让"食物"漏下来。

(4) 游戏结束后,宝宝双手端材料送还到教师处。

5. 鼓励宝宝在生活中也应该学会做自己力所能及的事情。

教师:哪些宝宝在家里开始试着自己用勺子吃饭了?

教师:还有哪些事情宝宝能自己做了?(拿拖鞋、擦手等。)

教师:为这些宝宝拍拍手!

五、运动时光:放球入篮(以宝宝举手能放进的高度为宜)

1. 教师布置场地,介绍游戏方法。

(1) 每次拿一个球,走过"小路"(平衡步道),放在篮筐上,松手放球。

(2) 一名宝宝示范,养育人和宝宝进一步观察投球的路线和方法。

(3) 养育人带领宝宝排队练习投球,反复游戏。

六、道别时光:详见19—24个月亲子活动固定流程

★ 养育人可引导宝宝可以和别人交换小动物再喂一喂。

★ 养育人观察宝宝手拿勺子舀雪花片的动作是否协调。是否能转动手腕挖起筐里的小雪花片,平稳地送到小动物的嘴巴里。如果宝宝不能转动手腕,只是抬起手臂,让花片滑落进小动物的嘴巴里,养育人此时无须着急,宝宝会通过多次的练习和尝试,逐渐熟练。如果宝宝拿勺子舀雪花片的动作不够协调,雪花片易撒,养育人可拿住宝宝的手腕,帮助宝宝喂进小动物的嘴巴里。

★ "投球入篮"游戏培养宝宝有目的的行为意识,知道将球对准球篮往里放。放进去与否不是评价的标准,关键是知道往篮筐里放。

★ 平衡步道有着一定的宽度,宝宝要尝试在一定宽度内向前行进,发展身体的平衡和协调能力。

活动材料

| 大嘴动物盒 | 装满球的球筐 | 篮筐 | 平衡步道 |

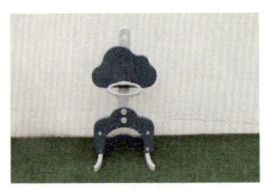

活动五：图形找家

⭐ 宝宝目标

1. 学习捏住图形的把手，将图形放入相应的底板中。
2. 学说图形的形状，如"圆形""方形""三角形"。

⭐ 活动准备

1. 人手一份材料：大抓手图形拼板一套、小筐一个。
2. EVA积木20块。

⭐ 活动过程

一、接待时光 ⎫
二、问候时光 ⎬ 详见 19—24 个月亲子活动固定流程
三、韵律时光 ⎪
四、温馨时光 ⎭

1. 教师出示三个形状：圆形、方形、三角形的玩具，引导宝宝观察指认。

（1）教师边出示三个形状玩具，边用手指沿玩具轮廓比画介绍玩具的形状：圆形（方形、三角形）的。

（2）教师示范用筐盖住一个形状玩具，和宝宝玩"找形状"的游戏，进一步引导宝宝熟悉三种形状玩具：哪个形状宝宝不见了，打开看看，养育人帮忙说一说形状名称。

（3）教师举起一种形状，鼓励宝宝找到与教师一样的形状。

2. 教师示范玩"图形宝宝找家"游戏，帮助养育人和宝宝了解游戏玩法。

（1）教师出示拼版底板，边指图形的家边说出图形的名称。

（2）教师边示范用手指抓住把手找到相对应的底

养育人目标：
1. 观察宝宝能否尝试将每种图形对准底板进行镶嵌。
2. 引导宝宝对应形状说出"圆形""方形""三角形"。

养育人关注要点：

☞ 图形对应摆放需要宝宝理解图形之间的关系，此活动可帮助宝宝认识三种图形；在对应摆放图形的过程中，宝宝需要用手去抓取、移动和放置形状玩具，锻炼宝宝两指捏或者三指捏的动作和手眼协调能力。

☞ 养育人观察宝宝能否辨认、指出相应的形状。

☞ 本次活动我们只让宝宝独自学习放圆、方、三角三个形状之一，其余两个形状养育人放，宝宝观察。这也告诉我们买来的玩具要有选择地分层提供，保持兴趣，阶段练习。

15

版盖上图形,再抓住把手拿下图形,边讲解:抓住手把把图形送回家。圆形宝宝的家呢?在这里!放进去;方形宝宝的家呢?在这里,转一转回家。

(3) 教师走近每个宝宝,依次让宝宝指认三角形"家"的位置:三角形宝宝找不到家,我们一起找一找。

3. 教师再次走近每个宝宝,依次让宝宝放一种形状镶嵌板。

4. 每个宝宝一套材料,养育人模仿教师的动作带宝宝共同游戏。

五、运动时光

1. 磨豆浆。

教师边念儿歌边用仿真娃娃示范动作:磨磨磨豆浆,磨出豆浆喷喷香,盛一碗、盛两碗、盛三碗、盛四碗、五碗六碗、七八碗。宝宝喝个精精光!

2. 给积木搬家。

宝宝每一次拿一块 EVA 积木从教室的一头运到另一头,并尝试将积木垒高。

六、道别时光:详见 19—24 个月亲子活动固定流程

> 养育人观察宝宝能否捏住拼板放入底板、能否准确地放入底板、用了什么方法放入底板。养育人鼓励其说出"圆形""方形""三角形"。如果宝宝不能对准放入,养育人指一指引导宝宝摆放;如果宝宝还是存在图形对应的问题,养育人可以抓着宝宝手摆放,帮助宝宝感受图形对应。

> 在搬运积木的过程中,宝宝需要保持身体的平衡,以免积木掉落。这种平衡感的练习有助于宝宝在日常行走中更好地掌握身体平衡,减少跌倒的风险。

活动材料

大抓手图形拼板

EVA 积木

儿歌及玩法

磨豆浆

（宝宝仰卧在地垫上,养育人双手抓握宝宝脚踝）
磨磨磨豆浆,（顺时针以大腿根部为轴心旋转腿）
磨出豆浆喷喷香,（逆时针以大腿根部为轴心旋转腿）
盛一碗、盛两碗、盛三碗、盛四碗,五碗六碗、七八碗。（分别让脚尖向额头交替靠拢）
宝宝喝个精精光!（拎起宝宝的双腿成倒立状,让宝宝翻跟头）

活动六：睡了

⭐ 宝宝目标

1. 听摇篮曲《睡了》,学习做出摇晃身体和拍哄娃娃的动作。
2. 在养育人的动作和语言引导下,学说"宝宝""睡觉"。

⭐ 活动准备

1. 每人1个毛绒玩具,2个圈。
2. 玩具小狗、小树、小喇叭、小娃娃各1个。
3. 图画书《睡觉啦》、摇篮曲《睡了》。

⭐ 活动过程

一、接待时光
二、问候时光　详见 **19—24个月亲子活动固定流程**
三、韵律时光
四、温馨时光

1. 教师出示图画书《睡觉啦!》,激发阅读兴趣。
（1）教师指着封面:这本书上有谁?他在干什么?

养育人目标：
1. 观察宝宝能否跟随音乐做出摇晃身体和拍哄娃娃的动作。
2. 用动作和语言带动宝宝学说"宝宝""睡觉"。

养育人关注要点：
养育人可以有意识地给宝宝欣赏不同风格的音乐,今天是欣赏摇篮曲,熟悉后可以很温馨地唱一唱,感受不同风格的音乐。

养育人观察宝宝能否看教师的书、听教师讲故事,能否跟随教师一起学说"睡觉啦"。用语言引导宝宝看书中的画面、指认书中的内容。

17

（2）教师逐页翻书，引导宝宝观察书中的小动物在干什么。

教师：小鸡抱着娃娃……在……睡觉。

（3）教师翻书到最后一页：它们都在干什么？今天我们阅读的这本书就叫《睡觉啦！》。

2. 教师逐页阅读图书，鼓励宝宝学说"睡觉啦！"

教师：小鸡皮皮，抱着娃娃……

教师：大家都睡着了，我们对他们说"晚安"。

3. 教师播放摇篮曲《睡了》，宝宝欣赏音乐。

（1）教师边唱边按照歌词内容出示教具：小狗、小树、小喇叭、小宝宝。

（2）教师边清唱歌曲边再次按顺序有节奏地轻拍四个教具。

（3）养育人和宝宝共同边欣赏音乐边观看教师随音乐节奏分别用身体动作表现小狗、小树、吹喇叭、小宝宝带着笑的模仿动作。

（4）养育人和宝宝共同边欣赏音乐边观看教师随音乐节奏分别将玩具小狗、小树、小喇叭送回玩具箱里。

4. 教师边听音乐，边示范抱娃娃、哄娃娃睡觉的动作。

5. 教师出示各种毛绒玩具，引导宝宝自由选择喜欢的毛绒玩具，坐在养育人的身边听音乐、轻拍毛绒玩具。

五、运动时光：宝宝套圈

1. 养育人带领宝宝将自己手中的绒毛玩具放在场地的一边（空开距离放一横排）。

2. 教师出示圈，边讲解边示范玩法。

（1）教师：小动物们就要睡醒了，我们把圈送去给它们玩吧！

（2）教师手握圈，从场地一边走向另一边，将圈套在一个毛绒玩具上。

（3）养育人带领宝宝游戏，可反复多次进行。

六、道别时光：详见 19—24 个月亲子活动固定流程

☞ 养育人听音乐拍哄宝宝感受音乐温馨、安静的氛围。在教师引导下尽量按节奏拍哄宝宝，引导宝宝感受音乐节奏。宝宝自己听音乐做拍哄动作时，重在感受，不需要合拍动作。

☞ 养育人观察宝宝是否对音乐感兴趣、是否愿意跟随音乐轻拍毛绒玩具。如果宝宝喜欢听音乐或者不愿意轻拍玩具，养育人可以用语言提醒宝宝听音乐、哄娃娃。如果宝宝在提醒下还是不能积极参与，养育人可以拿着宝宝的手轻拍玩具，帮助宝宝感受音乐和节奏。

☞ 宝宝拿圈走路的动作能锻炼自身身体的协调能力，并能看准目标有目的地走。

活动材料

毛绒玩具小狗 　　小树 　　小喇叭 　　小娃娃

歌曲

睡了

1=C 3/4　　　　　　　　　词曲 佚名

3 2 3 | 1 1 5̂ | 5 3 1 | 2 - - |
小 狗 狗　睡 了，　不 吵　闹，

3 2 3 | 1 1 - | 6̣ 1 2 | 5 - - |
小 树 苗　睡 了，　不 乱　摇，

5 5 6̇ | 1 1 6̂ | 5 5 3 | 6 - - |
小 喇 叭　睡 了，　小 吹　响，

5 3 5 | 3 2 - | 3 2 3 | 1 - - ‖
小 宝 宝　睡 了，　带 着　笑。

活动七：彩泥花瓶

⭐ 宝宝目标

1. 认识彩泥，学习揪、按、压彩泥，感知彩泥是香香的、软软的、会变形的。

养育人目标：
1. 引导宝宝感知彩泥是"香香的""软软的"……
2. 鼓励宝宝用揪、按、压等动作玩彩泥。

19

2. 在养育人的引导下,学说"彩泥""香香的""软软的"。

★ 活动准备

1. 人手一份材料:光滑的饮料瓶 1 个、红(或者黄、蓝、绿)单色彩泥 1 块、泥工板 1 块、塑料花 1 小束。

2. 平衡步道 2 块。

★ 活动过程

一、接待时光
二、问候时光 　详见 19—24 个月亲子活动固定流程
三、韵律时光
四、温馨时光

1. 认识彩泥,模仿教师动作感受彩泥的特性。

(1) 教师出示一块红色的彩泥,逐一请宝宝看一看、闻一闻。

教师:这是彩泥。

教师:什么颜色?闻一闻什么味道?

(2) 教师结合玩法介绍彩泥的特点。

教师:捏一捏,软软的;团一团,像小球;闻一闻,香香的。

教师:家长们说说看还可以怎么玩彩泥呢?

2. 养育人带领宝宝尝试不同的动作玩彩泥。

(1) 每个宝宝拿 1 块泥工板、1 块彩泥。

(2) 养育人引导宝宝将彩泥放在泥工板上自由摆弄,说说是什么颜色。

(3) 养育人和宝宝一起玩彩泥,模仿教师的表演边说边做给宝宝看。宝宝可以尝试捏、压、搓等动作,感受彩泥会变形的特点。

(4) 游戏完成后,养育人将彩泥团成大团,材料收到身后。

3. 出示瓶子,引出制作彩泥花瓶的活动。

(1) 教师:这是什么?是什么颜色的?

养育人关注要点:

📌 在手工操作活动中,彩泥作为其中一个重要组成内容,深受宝宝们的喜爱。刚开始接触彩泥时,让宝宝自由地进行摆弄是有必要的。一方面,彩泥气味香甜、手感柔软舒适、颜色鲜艳,可以引发宝宝的兴趣;另一方面,也可让宝宝通过自由摆弄对彩泥的颜色、气味、手感等积累直接而丰富的感知经验。

📌 养育人在观察宝宝是否能仔细看表演的同时,引导宝宝说说彩泥的颜色。养育人也可根据宝宝的操作将感受讲给宝宝听,丰富宝宝的相关词汇经验,如:香香的、软软的……

养育人观察宝宝是否愿意触摸、摆弄彩泥。通过操作、表演激发宝宝的兴趣,鼓励宝宝多多动手。但是不要求宝宝做出所有的动作,以愿意触碰、感受为主要目的。

（2）教师：瓶子想要穿件花衣裳，大家一起来帮忙。

4. 教师边示范边讲解操作方法。

教师：将彩泥搓长，揪成小块。按压在瓶子上变出花纹。

5. 养育人拿出身后的材料，带领宝宝制作彩泥花瓶。

（1）养育人将彩泥搓成长条，宝宝将其揪成小块，分成 10 块左右。

（2）养育人竖着扶稳或放倒瓶子，为宝宝操作作支撑，方便宝宝做按压动作。

（3）宝宝拿一块彩泥，按压一块。

6. 集体欣赏作品，养育人和宝宝一起指指、说说自己贴好的花瓶是什么样子的。

教师：宝宝的花瓶上哪里压上了彩泥？是什么颜色的？（指一指，说一说）

7. 宝宝将做好的彩泥花瓶送到教师处展览，并将其他材料也送还给教师。

五、运动时光：插花

1. 教师在场地上放 2 块平衡步道，给做好花瓶的宝宝一束花。

教师：宝宝还记得哪个花瓶是你做的吗？老师这里有很多漂亮的花，选一束喜欢的花插在你做的花瓶里。

2. 宝宝排队走过平衡步道到展览台找到自己的花瓶，把花插进花瓶里。

3. 教师赞扬并引导宝宝欣赏自己的作品。

六、道别时光：详见 19—24 个月亲子活动固定流程

> 宝宝年龄小，手腕肌肉尚未发育完善，所以眼手协调性需要进行针对性的训练。养育人可以适时开展手工操作活动，以增强宝宝的手眼协调能力及动手操作能力。

> 养育人观察宝宝揪彩泥的动作是用单手还是双手。如果宝宝不能双手配合揪，养育人可一只手拿住彩泥，引导宝宝单手从大块上揪下。

> 养育人也可观察宝宝用哪些手指按压彩泥，关注宝宝手指的独立性，以及按压到瓶子上的动作是否协调、有力，能够将彩泥粘住。如果宝宝不能将彩泥按压到瓶子上，养育人可将手指叠在宝宝手指上向下按压，帮助宝宝感受力度，再请宝宝自己尝试。

> 养育人观察宝宝能否和其他宝宝一起排队游戏；能否稳稳地走过平衡步道，控制自己身体的平衡能力；观察宝宝能否找到自己制作的花瓶。

活动材料

花瓶、花、彩泥

活动八：夹子夹夹

⭐ **宝宝目标**

1. 学习夹夹子给毛毛虫穿鞋子。
2. 听懂养育人指令拿出对应颜色的"鞋子"，并尝试说出颜色。

> **养育人目标：**
> 1. 观察宝宝能否用力捏将夹子打开，并知道夹在毛毛虫脚上。
> 2. 引导宝宝观察、说出夹子的颜色，并根据要求拿取相应颜色的夹子。

⭐ **活动准备**

1. 人手一份材料：封塑的毛毛虫 1 只、塑料夹子 5 个。
2. 挂满夹子的 3 米绳子 1 根，自制桃子玩具（数量多于宝宝人数）。

⭐ **活动过程**

一、接待时光
二、问候时光　　详见 19—24 个月亲子活动固定流程
三、韵律时光
四、温馨时光

1. 教师示范使用夹子，引起宝宝兴趣。

（1）教师出示夹子，引导宝宝认识夹子，说出名称。

（2）教师借助儿歌教幼儿学习使用夹子：大嘴巴手指拿，用劲向下捏一捏，啊呜啊呜吃饭啦！

2. 教师给每个宝宝一份塑料夹子，宝宝尝试捏夹子。

（1）教师鼓励宝宝学说夹子的颜色。

（2）鼓励宝宝小手用劲尝试捏夹子。一个接一个连接夹起来，夹成长长的毛毛虫。

3. 教师示范用夹子给毛毛虫装"脚"，帮助宝宝了解操作的方法。

（1）教师出示塑封毛毛虫材料，激发宝宝兴趣。

教师：宝宝给毛毛虫穿鞋子。

（2）教师示范在毛毛虫身上夹上夹子变成小脚。

教师边夹夹子边说：拿一个红色的"脚"夹在毛毛虫身上，再夹一个黄色的"脚"。

4. 宝宝人手一份材料，练习给毛毛虫装"脚"。

（1）养育人观察宝宝夹夹子的动作，鼓励宝宝两只手都可以试一试，坚持夹完筐子里所有的夹子。

（2）让有"脚"的毛毛虫站起来，体验初步的成就感。

5. 指导宝宝将夹子夹在养育人身上，让宝宝反复练习使用夹子。

（1）养育人逗引宝宝将夹子夹在自己身上的不同位置，激发宝宝反复练习的兴趣。

（2）游戏完成后，宝宝拿下夹子放进小筐里，将材料送还给教师。

五、运动时光：小猴摘桃子

1. 教师在场地上系上夹有自制"桃子"的绳子。

2. 教师边讲解边示范"小猴摘桃"游戏玩法：小猴子肚子饿，来到树下摘桃子，够不着，小腿一弯跳起来，摘下桃子，吃个饱。

3. 宝宝在养育人的带领下，练习跳起来摘桃子的动作。

养育人关注要点：

养育人观察宝宝捏夹子的方式、能否捏开夹子。如果宝宝捏不开，养育人可以分析原因，是宝宝力气不够、捏的位置不对，还是不愿意捏等等。

养育人观察宝宝无法"给毛毛虫装小脚"的情况，看看是宝宝手指的力量不够导致夹子夹不起来，还是宝宝没有掌握使用夹子的方法，不知道应对准毛毛虫的身体夹进去。养育人根据宝宝夹不起来的原因给予宝宝语言或动作上的支持。养育人还可以鼓励宝宝根据养育人的指令拿取相应颜色的夹子当作毛毛虫的脚。

宝宝的学习需要有一个反复练习的过程，教师通过给毛毛虫装脚、小夹子在养育人身上藏猫猫的游戏情景，让宝宝反复操作。在家养育人可以给宝宝尝试自己操作晾袜子、毛巾等小而轻便的物品。

养育人可以根据宝宝能够到的高度降低或抬高绳子。"双脚向上跳"对这个月龄段的宝宝有一定困难，摘桃子以游戏的形式锻炼宝宝练习向上跳、抬手够物体的能力。

4. 根据情况,养育人可多次夹"桃子"带领宝宝反复游戏。

六、道别时光:详见 19—24 个月亲子活动固定流程

活动材料

封塑的毛毛虫、夹子

绳子、桃子玩具

20个月

活动九：拉线玩具

⭐ 宝宝目标

1. 学习一手抓握玩具，一手往外拉绳。
2. 能说出拉线小动物的名称，并模仿其叫声"汪""喵"。

⭐ 活动准备

人手一份材料：拉线玩具 1 个、动物拖拉玩具 1 个。

⭐ 活动过程

一、接待时光
二、问候时光　详见 19—24 个月亲子活动固定流程
三、韵律时光
四、温馨时光

1. 教师出示拉线小猫，鼓励宝宝观察教师的示范与讲解。

（1）教师：小猫宝宝肚子饿啦，想吃小鱼，怎么办呢？

（2）教师示范一手抓握小猫玩具，一手往外拉。讲解：小猫出门找小鱼，拉开——小鱼就在面前。松手——啊呜，吃到鱼啦！小猫开心"喵喵"叫。

养育人目标：
1. 引导宝宝学习双手配合，一手抓握玩具，一手往外拉绳。
2. 用语言、动作引导宝宝用目光追视玩具拉开以后的运动轨迹，并模仿小动物的声音"汪""喵"等。

养育人关注要点：
☞ 引导宝宝观察"拉线小动物"绳子逐渐变短，小动物吃到食物的有趣现象。

(1) 教师走近每位宝宝，依次让宝宝拉一下"小鱼"，感受用力拉的游戏玩法。

2. 教师念儿歌，鼓励宝宝尝试跟念。

(1) 教师边操作拉线玩具边念儿歌。

教师：拉线玩具真有趣，轻轻一拉尾巴摇。拉一拉，摇一摇，小狗小猫转圈跑。

(2) 鼓励宝宝尝试学习说"拉一拉""摇一摇"。

☞ 养育人观察宝宝是否愿意跟随教师念儿歌，能否说出儿歌中的内容。

3. 教师请每位宝宝拿一个拉线小动物，和养育人面对面游戏。

(1) 教师出示拉线小狗。

教师：这次是哪个小动物？它是怎么叫的？我们一起学一学。

(2) 宝宝自由玩拉线玩具。

(3) 同伴之间交换拉线玩具。

☞ 养育人观察宝宝是否愿意玩拉线玩具、能否拉动玩具前面的"骨头"。养育人引导宝宝指一指什么地方在动。

☞ 养育人观察宝宝是否愿意和同伴交换玩具。

五、运动时光：带着动物去散步

1. 教师出示小狗等拖拉玩具，营造游戏情境。

教师：小动物们也出来散步了，看看都有谁？

2. 宝宝拉着拖拉玩具去散步。

六、道别时光：详见 19—24 个月亲子活动固定流程

☞ 拖拉玩具，宝宝可以锻炼手眼协调能力和活动目的性。他们需要一直牵着绳子，并控制方向和速度，这有助于提升他们的手部精细动作能力和反应速度。

活动材料

拉线玩具

动物拖拉玩具

儿歌

拉一拉

拉绳玩具真有趣，
轻轻一拉尾巴摇。
拉一拉，摇一摇，
小狗小猫转圈跑。

活动十：看我怎么跳

⭐ 宝宝目标

1. 愿意拿着动物玩偶跟着音乐做出小动物"跳跃"的动作。
2. 学说"高""不动""倒下"等词语，并做出相关动作。

⭐ 活动准备

1. 人手一份材料：毛绒玩具小猴子1个。
2. 音乐《看我怎么跳》。
3. 大收纳箱1个。

⭐ 活动过程

一、接待时光
二、问候时光   详见19—24个月亲子活动固定流程
三、韵律时光
四、温馨时光

1. 出示毛绒玩具小猴子，教师念儿歌，宝宝尝试学念，激发兴趣。

教师：这是谁？

养育人目标：

1. 关注宝宝手臂控制能力，鼓励宝宝双手拿小动物做出"跳跃"的动作。
2. 帮助宝宝理解相关词语和动作的关系，观察宝宝是否能听懂"高""不动""倒下"等词语，做出相关动作并学说。

养育人关注要点：

👉 观察宝宝是否愿意张口学念儿歌，养育人引导宝宝一起念准"高""不动""倒下"等词语。养育人用夸张的口型放慢速度重复词语。

宝宝:小猴。

教师让宝宝逐一摸摸、抱抱小猴,教师模仿小猴边跳边念儿歌。

2. 欣赏教师完整表演韵律游戏"看我怎么跳"。

(1) 教师:小猴要为我们表演节目,宝宝们仔细听、仔细看,告诉大家它做了什么动作。

(2) 教师双手拿玩具小猴随乐表演韵律动作。

3. 教师提问,宝宝尝试用语言或模仿动作表现歌词内容。

(1) 教师边做小猴子上下跳动的动作边问:小猴子在做什么呀?(养育人引导宝宝说出"跳")

(2) 教师将玩具摆成一排,引导宝宝上来选一个自己喜欢的玩具学做动作。

(3) 教师清唱歌曲,带领宝宝拿着毛绒玩具和养育人一起完整做动作。养育人重点引导宝宝双手拿稳玩具,靠手臂力量做出小动物上下跳的动作。

(4) 教师带领宝宝听音乐拿着毛绒玩具和养育人一起完整做动作。

(5) 游戏结束时,宝宝将毛绒玩具送回"家"(收纳箱)。

4. 在教师的带领下,养育人带领宝宝听音乐完整做动作。

(1) 教师:小猴邀请你们来跳一跳。

(2) 教师放慢速度清唱歌曲,用动作带领养育人扶住宝宝手臂做出"高""不动""倒下"的动作。

(3) 教师播放音乐,养育人带领宝宝完整学做动作。

(4) 教师带领宝宝听音乐和养育人一起完整做动作。

五、运动时光:看我怎么跳

1. 教师边示范边讲解和宝宝游戏的玩法。

(1) 教师托住一名宝宝的腋下,面对养育人站立。

(2) 教师跟随音乐带领宝宝做"跳跃""举高""不动""倒下"的动作。引导宝宝体验节奏感、落差感。

☞ 养育人观察宝宝能否注意力集中看教师表演,有没有用语言、动作回答教师的问题。

☞ 养育人观察宝宝能否跟随教师,拿着毛绒玩具跟随音乐做动作,听到教师预令"举高""不动"时能做出相应动作。

☞ 宝宝没有跟随教师做动作的意识时,养育人可以带着宝宝的手臂做动作,辅助其理解预令的含义。

☞ 宝宝有意识地跟随教师做动作时,养育人可观察其参与性和合作性。

☞ 养育人观察宝宝能否迁移刚才的经验,跟随教师和音乐进行跳跃做动作,与宝宝共同参与。

☞ 养育人关注宝宝能否用腿部力量弹跳起来配合做出"上下跳"动作,能否在"倒下""不动"处控制自己的身体动作,坚持做动作一段时间。

2. 在教师的带领下，养育人模仿教师动作，与宝宝一起完整游戏。

六、道别时光：详见 19—24 个月亲子活动固定流程

活动材料

毛绒小猴子

歌曲及玩法

看我怎么跳

1=C 2/4

$\underline{1\ \dot{7}}\ \underline{\dot{6}\ \dot{6}}\ |\ \underline{\dot{7}\ \dot{5}}\ \underline{\dot{6}\ \dot{6}}\ |\ \underline{1\ \dot{7}}\ \underline{\dot{6}\ \dot{6}}\ |\ \underline{\dot{7}\ \dot{5}}\ \dot{6}\ |$
你看我 跳跳、 上下 跳跳， 我像个 皮球 蹦蹦 跳。

$\underline{1\ 1\ 2}\ \underline{3\ 3\ 2}\ |\ \underline{1\ 2}\ 3\ |\ 3\ -\ |\ \underline{1\ 1\ 2}\ \underline{3\ 3\ 2}\ |$
你看我 跳得有 多么 高， 你看我 不跳就

$\underline{1\ 2}\ 3\ |\ 3\ -\ |\ \underline{1\ \dot{7}}\ \underline{\dot{6}\ \dot{6}}\ |\ \underline{\dot{7}\ \dot{5}}\ \underline{\dot{6}\ \dot{6}}\ |$
不动 了。 你看我 跳跳、 上下 跳跳，

$\underline{1\ \dot{7}}\ \underline{\dot{6}\ \dot{6}}\ |\ \underline{\dot{7}}\ \dot{5}\ |\ \dot{6}\ -\ ‖$
跳累了 我就 倒下 了。

20个月

29

你看我跳跳、上下跳跳。①（养育人双手抓住宝宝腋下，引导宝宝上下跳跃四下）

我像个皮球蹦蹦跳。（重复上句动作）

你看我跳得有多么高。②（养育人双手抓住宝宝腋下站稳，"高"处伸直手臂举高宝宝）

你看我不跳就不动了。③（养育人双手抓住宝宝腋下站稳，"不动了"处引导宝宝蹲下）

你看我跳跳、上下跳跳。（重复第一句动作）

跳累了我就倒下了。④（养育人双手抓住宝宝腋下站稳，"倒下了"处引导宝宝躺下）

活动十一：小青蛙的彩色梦

⭐ 宝宝目标

1. 在养育人的引导下，学习用压、印海绵印章的动作印出图案。

2. 在养育人的询问下能用词语回应自己印出的图案。

> **养育人目标：**
> 1. 引导宝宝将语言动作转化为海绵印画的操作动作。
> 2. 鼓励宝宝观察自己印出的图案，并说说是什么。

⭐ 活动准备

1. 人手一份材料：装有颜料的分类盒（红、黄、蓝、绿、黑），自制积木海绵印章 4 块，素描纸 1 张（放入托盘），湿纸巾，圈。

2. 图画书《小青蛙的彩色梦》1 本，黑色大展板 1 块，宝宝在活动前穿好护衣。

⭐ 活动过程

一、接待时光 ⎫
二、问候时光 ⎬ 详见 19—24 个月亲子活动固定流程
三、韵律时光 ⎭
四、温馨时光

1. 教师阅读《小青蛙的彩色梦》，引导宝宝感受图画书中的色彩，欣赏印画风格。

（1）教师边逐页阅读图画书边引导宝宝观察画面。

教师：小青蛙的梦里有什么？是什么颜色的？

（2）教师引导宝宝集体学说相应的词语。

（3）教师指书上色彩，宝宝尝试辨认，说出相应的颜色。

2. 欣赏图画书《小青蛙的彩色梦》，了解海绵印章画的制作方法。

（1）教师讲解图画书最后一页的作品：小青蛙的彩色梦里有谁呢？有"绿苹果""红草莓""蓝莓"……

（2）教师边在托盘里示范边讲解作画方法。

抓住印章的上面，在相应的颜料里按一按拿起来，然后像小青蛙一样在纸上按一按、跳一跳，"跳"出漂亮的颜色。

3. 养育人带领宝宝模仿教师示范进行亲子美术活动，教师巡回指导。

（1）注意将印章放回相应的颜色分类盒里。

（2）引导宝宝理解"小青蛙跳一跳"的语言指令，将语言动作转化为海绵印章压印的操作动作。

（3）提醒宝宝找作业纸上白色的空地方"跳""按"，这样颜色更能够看得清楚。

4. 完成作品后，鼓励宝宝和养育人一起指一指、说一说自己印出的是什么图案。

5. 作品贴在黑色大展板上组成一幅完整的大画面，集体欣赏。

教师：看看我们自己印出的"小青蛙的彩色梦"！

五、运动时光：小青蛙跳一跳

1. 亲子游戏"小青蛙跳高"。

（1）教师和一名宝宝合作，边示范边讲解"小青蛙跳一跳"玩法：养育人和宝宝双手相扣，宝宝屈膝弯腿，养育人利用手臂的力量向上拉宝宝，宝宝借力做出双脚同时向上跳动作，像小青蛙一样跳一跳。

（2）养育人带领宝宝玩游戏，教师巡回指导。

2. 游戏"小青蛙跳圈"。

（1）教师边出示圈示范边介绍玩法：圈是一片片大"荷叶"，小青蛙练习跳进、跳出荷叶。

养育人关注要点：

🔹 养育人观察宝宝阅读图画书《小青蛙的彩色梦》的兴趣，鼓励宝宝用语言说出自己看到的画面内容，如颜色或水果名称。

🔹 养育人观察宝宝用海绵印章压印的动作。如果宝宝能手眼协调地做压印动作，养育人可引导宝宝关注寻找空白的地方并印满；如果宝宝印出的图案不清晰或不完整，养育人可观察宝宝做压印动作时印章的抓握方式及压印的力度，提醒宝宝拿正印章、用力压；如果宝宝在养育人提醒下仍不能压印清楚图案，养育人可抓住宝宝的手，帮助宝宝学习向下压印的动作、感受力度。

🔹 教师了解宝宝和养育人一起共同完成作品的情况，鼓励宝宝描述自己的作品，愿意指一指、看一看、说一说。

🔹 养育人手部可稍微用力，帮助宝宝跳高一些，引导感受屈膝后向上跳跃动作要领。

🔹 养育人观察宝宝，如果不会跳可以走进圈里。

（2）宝宝每人一个圈游戏,养育人语言、动作鼓励宝宝自己尝试跳圈动作。

六、道别时光:详见19—24个月亲子活动固定流程

> 根据动作发展情况,鼓励宝宝自己试一试双脚跳的动作,养育人观察宝宝双脚离地跳起动作发展情况,锻炼腿部肌肉的力量。

活动材料

积木海绵印章 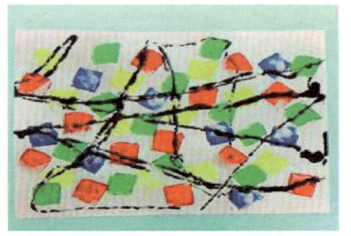　　　　素描纸

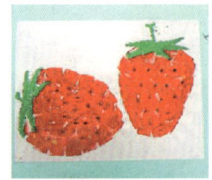

自制的图画书《小青蛙的彩色梦》

活动十二：穿"项链"

⭐ 宝宝目标

1. 学习一只手拿串珠,一只手拿小棍,双手配合穿"项链"。
2. 在养育人的询问下,能够尝试给不同形状、颜色的串珠命名。

养育人目标：
1. 观察宝宝能否一只手拿串珠、一只手拿小棍,双手配合独立穿出一条"项链"。
2. 鼓励宝宝尝试探索不同形状的串珠,用小棍对准洞口将珠子穿进去。

⭐ 活动准备

1. 人手一份材料:10颗不同形状串珠、1根穿珠绳。

32

2. 猫妈妈手偶1个，装有串珠玩具的"礼物盒"1个，海洋球（若干），大钻桶1个，长长的透明胶带1条。

⭐ **活动过程**

一、接待时光
二、问候时光　详见 19—24 个月亲子活动固定流程
三、韵律时光
四、温馨时光

1. 教师出示猫妈妈手偶，以猫妈妈的角色，神秘地拿出"礼物盒"，摇一摇，引发宝宝兴趣。

（1）教师出示手偶：瞧！我是谁？（猫妈妈）

（2）教师：我是猫妈妈，我给你们带来一个礼物，听一听，猜一猜，是什么？

2. 教师打开"礼物盒"，引导宝宝认识串珠。

（1）教师：这是什么？

引导宝宝回答：串珠。

（2）教师指着珠子上的洞洞说：仔细看看，珠子上还有什么？

（3）教师分别拿出其他珠子：看，这里还有许多不同颜色、样子的珠子呢！有圆形的、三角形的、爱心形的……

（4）教师：看看这些珠子上也有洞洞，指一指在哪里呢？

教师走近宝宝，逐一让每个宝宝拿一颗珠子，指指、摸摸、说说"洞洞"。

3. 每个宝宝一份珠子，和教师玩游戏"找找一样的珠子"。

（1）教师：每个宝宝都有礼物喽！请你找到和老师一样的珠子举起来。

（2）教师及时反馈正确找到串珠的宝宝。

4. 引导宝宝观察教师串珠，了解操作方法。

（1）教师：这么多珠子可以做什么呢？养育人们说说看。

猫妈妈会把珠子穿起来，变成长长的项链呢！

养育人关注要点：
养育人观察宝宝能否在不需要养育人提醒的情况下，在自己面前的珠子中找出与教师相同的珠子，并举起来。

33

（2）怎样才能把这些珠子穿成一条长长的"项链"呢？需要什么呢？

（3）教师从身后拿出绳子：看看这里有什么？

（4）教师引导宝宝观察绳子：这是绳子，绳头上有什么？（小棍）

（5）教师边讲解边示范穿珠方法。

教师一手抓住绳子一头的小棍，一手拿珠子，做小珠穿进洞的动作：抓住小棍钻洞洞！小球坐滑梯喽！

5. 宝宝练习穿珠动作。养育人鼓励宝宝两只手都试一试穿珠动作。

6. 宝宝给养育人戴上"项链"。

五、运动时光：给小动物做"项链"

1. 教师：宝宝们，地上有很多散落的珠子（海洋球），快快捡起来穿过大钻桶，粘在小动物的脖子上，给它变出美丽的"项链"吧！

2. 宝宝每次拿一个海洋球穿过大钻桶，粘在长长的透明胶带上，最后围成"项链"。

六、道别时光：详见19—24个月亲子活动固定流程

> 养育人观察宝宝能否把串珠穿进去，是怎么穿珠的，能否用两只手配合穿和拉线；如果宝宝能双手配合协调地穿，养育人可引导宝宝换手操作。如果宝宝只能单手操作，养育人可以和宝宝配合，一人拿珠、一人拿绳，再交换游戏；养育人可以帮助宝宝抓住绳子的另一头，以防穿好的珠子滑落。

> 此环节训练宝宝的手眼协调能力，以及做事情的专注力和耐心，养育人观察宝宝是否能坚持把10颗珠子都穿完。

> 观察宝宝的动作发展、身体控制能力等情况，用语言、动作逗引宝宝主动参与游戏。

活动材料

| 串珠、穿珠绳 | 大钻桶 | 猫妈妈手偶 | 海洋球 |

活动十三：好吃的草莓

⭐ **宝宝目标**

1. 能找到草莓操作盒上的小洞，并插入棉签棒"种"草莓籽。
2. 尝试用语言说出草莓的味道及外形特征。

⭐ **活动准备**

1. 人手一份材料：洗净的草莓每人2颗（蒂不摘）、点心盘每人1个（装草莓）；草莓操作盒（自制）每人1个、棉签每人20根。
2. 草莓图片、餐桌、干湿纸巾、桌面垃圾桶，玩具草莓1筐、平衡步道2块。

⭐ **活动过程**

一、接待时光 ⎫
二、问候时光 ⎬ 详见19—24个月亲子活动固定流程
三、韵律时光 ⎭
四、温馨时光

1. 教师念儿歌《草莓》，引导宝宝学说儿歌中的语言。

宝宝尝试重复儿歌中的简单词语"草莓""宝宝笑"等。

2. 出示草莓图片，引导宝宝观察图片，说一说草莓的样子。

教师：老师今天带来了一个水果，宝宝们快看，是什么？

教师：草莓是什么样子的呢？一起来看看。

教师引导宝宝观看画面，发现书上的草莓是红红的、叶子是绿绿的，身上还有很多草莓籽。

3. 教师引导宝宝用湿纸巾将手擦干净后，放进桌面垃圾桶。

教师：宝宝们每人拿一张湿纸巾，打开来放在手

养育人目标：
1. 引导宝宝每次拿一根棉签棒"种"草莓籽，双手交替操作。
2. 鼓励宝宝说出自己对草莓的发现，如"红草莓""酸酸甜甜""绿叶子"等。

养育人关注要点：
养育人引导宝宝观察老师手中的图片，回答教师的问题，大胆说一说草莓是"红红的"、叶子是"绿绿的"。培养宝宝回应问题的习惯。

35

上,搓搓手心、搓搓手背和手丫丫,然后放进垃圾桶哦。

4. 教师出示实物草莓,分发并引导宝宝品尝草莓,感知其口味。

教师:拿一颗草莓,看一看草莓的样子,观察上面有什么。草莓的籽在哪里呀?请宝宝伸手指一指,把绿色的叶子摘下来,红色的果子放进嘴巴里尝一尝,是什么味道的呀?

教师:宝宝吃一颗,还有一颗愿意分享给爸爸妈妈吃吗?

> 养育人引导宝宝用手摸一摸草莓的触感,指着草莓叶子、果肉问问宝宝是什么颜色。

5. 教师出示材料,通过动作示范、语言提示帮助幼儿学习用棉签棒插入洞中"种"草莓籽。

教师:这个草莓它的身上没有什么?(草莓籽)

教师:请宝宝们帮帮它,每次拿一根棉签棒,找洞"种"上草莓籽。一个洞洞种一粒草莓籽哦!

> 养育人观察宝宝是否知道每次拿一根棉签棒。宝宝如果不能对准洞洞"种"草莓籽,养育人可引导宝宝拿棉签的位置低一点,靠近棉签头,方便宝宝对准。

五、运动时光:送草莓回家

1. 教师布置场地,操场一端放有一筐草莓玩具,另一端放草莓园展板,中间放两块平衡步道。

2. 教师边讲解边示范游戏玩法:拎着篮子走过小桥(平衡步道),将篮子中的草莓玩具贴在草莓园展板上,装饰草莓园。

> 如果宝宝能够熟练地使用惯用手进行操作,可以引导宝宝左右开弓,促进双手的协调性。

3. 养育人引导宝宝按游戏规则玩运草莓的游戏。

4. 游戏结束,提醒宝宝将草莓玩具送回大筐,找到自己的作品带回家。

> 平衡步道模拟草莓园中采摘的小路,使宝宝在有意义的情景中促进触觉发展、提高平衡能力、促进身体协调。

六、道别时光:详见19—24个月亲子活动固定流程

活动材料

| 玩具草莓 | 点心盘 | 草莓操作盒 | 棉签 |

36

儿 歌

草 莓

小草莓,有黑籽。
穿红衣,戴绿帽。
闻一闻,尝一尝。
味道好,宝宝笑。

活动十四:纸杯玩玩

★ 宝宝目标

1. 认识带把子的茶杯,学习用敞口杯喝水。
2. 学说"杯子""喝水"。

养育人目标:
1. 观察宝宝是否会用敞口杯喝水且不洒漏。
2. 通过语言和动作鼓励宝宝学习说"杯子""喝水"。

★ 活动准备

1. 人手一份材料:1个不锈钢敞口杯、7个纸杯、1个矿泉水瓶。
2. 一壶温水,乒乓球大小的小响球(个数多于人数)。

★ 活动过程

一、接待时光
二、问候时光　　详见 19—24 个月亲子活动固定流程
三、韵律时光
四、温馨时光

1. 教师出示不锈钢带把敞口杯,鼓励宝宝认识杯子。
(1) 教师出示敞口杯。
教师:这是杯子,弯弯的是杯把,圆圆的是杯身。
(2) 教师念儿歌《喝水喽》。

养育人关注要点:
✎ 养育人观察宝宝能否跟随教师学念儿歌,能否模仿教师的动作学习"点赞"。

37

教师:宝宝喝水喽,咕噜咕噜响。

小口慢慢喝,身体棒棒棒。

2. 教师示范用带把敞口杯喝水,鼓励宝宝自己拿水杯喝水。

(1) 教师给宝宝倒温水。

教师:水杯里有什么呀?

教师鼓励宝宝自己端起敞口杯喝水。

(2) 宝宝自己拿水杯,学习用敞口杯喝水。

(3) 喝完水后将水杯还给教师。

3. 教师引导宝宝探索纸杯的多种玩法。

(1) 教师激发宝宝玩纸杯的兴趣。

教师:纸杯纸杯拿拿,纸杯纸杯放放,纸杯纸杯藏藏,纸杯纸杯不见啦。

(2) 宝宝自由玩纸杯。

教师:纸杯可以怎么玩?

养育人和宝宝一起互动,自由玩纸杯。

(3) 教师小结:纸杯可以敲一敲,有声音;纸杯套一套,小手不见了……

4. 教师指导宝宝和养育人玩"纸杯扣球"游戏。

(1) 教师示范玩法:养育人和宝宝面对面,养育人滚动小响球,宝宝尝试将响球扣在纸杯里。

教师:海洋球,圆又圆,滚一滚,盖住它!

(2) 宝宝和养育人自由游戏。

五、运动时光:套纸杯

1. 教师出示矿泉水瓶,引起幼儿的兴趣。

2. 宝宝们将手中的纸杯随意放在教室里,教师示范拿着矿泉水瓶,蹲下,卡在纸杯里,将纸杯套起来。

3. 养育人可以将套起来的纸杯继续放在教室四周,鼓励宝宝反复游戏。

六、道别时光:详见 19—24 个月亲子活动固定流程

- 养育人观察宝宝能否双手拿稳水杯,喝水时能否嘴巴贴紧水杯边,喝水不洒漏。如果宝宝能拿稳水杯且喝水不洒漏,养育人在家就可以鼓励宝宝用敞口杯喝水;如果宝宝拿不稳水杯,养育人可以鼓励宝宝抓紧杯把或者用动作帮助宝宝;如果宝宝喝水洒漏,养育人可以用语言或动作提醒宝宝把水杯靠近嘴巴喝水。

- 养育人观察宝宝愿不愿意玩纸杯,用什么方法玩纸杯,用了几种方法玩纸杯。

- 此游戏锻炼宝宝手眼协调能力,第一次游戏时,养育人可以短距离滚球,宝宝熟悉游戏后,养育人可以加长小球滚动的距离。

- 养育人在家可以锻炼宝宝用不同类型的敞口杯喝水,如果宝宝存在困难,养育人还可以选择喝水训练杯,减少水的洒漏。

- 锻炼宝宝反复多次地蹲下、站起、走一段距离,且宝宝需要手眼协调地将矿泉水瓶卡在纸杯里。

活动材料

敞口杯 　　纸杯 　　小响球 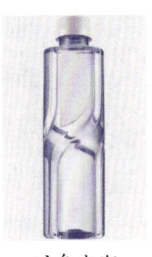　　矿泉水瓶

儿歌

喝水喽

宝宝喝水喽，咕噜咕噜响。
小口慢慢喝，身体棒棒棒。

活动十五：鸟窝

⭐ **宝宝目标**

1. 学习用手"拉扯、团捏、按压"碎纸条制作"鸟窝"。
2. 在养育人的动作、语言引导下，做出拉一拉、团一团、压一压等词语相匹配的动作。

⭐ **活动准备**

1. 人手一份材料：装在小筐里的"鸟窝"相框（边框贴一圈双面胶带）；塑料棍1根；废旧材料拉菲草。
2. 贴在泡沫板上的大树教具1棵，音乐《小鸟醒来了》。

养育人目标：
1. 宝宝是否主动用各种动作摆弄碎纸条制作"鸟窝"。
2. 用语言鼓励宝宝完成"鸟窝"的制作，边做边说相应动作。

39

活动过程

一、接待时光 ⎫
二、问候时光 ⎬ 详见 19—24 个月亲子活动固定流程
三、韵律时光 ⎭

四、温馨时光

1. 膝上童谣《小鸟醒来了》。

（1）教师完整示范，养育人和宝宝初步熟悉歌曲和玩法。

教师：小鸟醒来了，听听它是怎么唱，看看它是怎么和妈妈做游戏的！

教师清唱歌曲，和一名宝宝表演游戏。

（2）教师清唱歌曲，放慢速度带领养育人和宝宝学做一次动作，感受亲子膝上童谣游戏的乐趣。

（3）在教师带领下，养育人和宝宝听音乐完整游戏一次。

2. 制作"鸟窝"。

（1）教师戴上"鸟妈妈"头饰，出示"鸟窝"底纸，引出活动。

教师：请宝宝们帮助我的小鸟把"鸟窝"变暖和吧！

（2）学习制作"鸟窝"。

教师边示范边讲解动作要领：宝宝找到边框上的双面胶，将双面胶膜层撕下来；小手拿起拉菲草，拉一拉、团一团；放在"鸟窝"周围双面胶胶层上拍一拍、压一压，暖和又漂亮的"鸟窝"做好了。

（3）宝宝人手一份材料和养育人一起制作"鸟窝"。

教师引导养育人观察宝宝动作，鼓励宝宝将拉菲草全部围合、堆积贴在"鸟窝"周围。

养育人鼓励宝宝将"鸟窝"的一圈都要拍一拍，贴贴牢。

（4）宝宝将制作好的"鸟窝"贴到教师处的"大树"上！

养育人关注要点：

☞ 膝上游戏时，养育人和宝宝对视，保持微笑，引导宝宝感受音乐节奏和亲子游戏的乐趣。

☞ 养育人观察宝宝双手配合拉一拉拉菲草的动作，如果宝宝双手配合有困难，养育人可单手与宝宝配合，引导宝宝从自己手中拉松拉菲草；如果宝宝不能做出"拉"的动作，养育人可从宝宝背后拿住宝宝的双手，帮助宝宝感受双手配合拉扯的动作。

☞ 培养细致观察、耐心操作的品质。养育人可以根据宝宝的操作，说"捏""撕""按压"等词语配合宝宝的动作。

五、运动时光：小鸟学本领

1. 教师和一名宝宝边示范边讲解游戏玩法。

教师：宝宝要学小鸟飞，抓紧妈妈手上的长棍，妈妈拉起宝宝向前走，宝宝小手要抓紧，不要掉下来哦！

2. 每人一根细棍，养育人带领宝宝玩游戏。

六、道别时光：详见 19—24 个月亲子活动固定流程

> 养育人提拉起宝宝的时间不宜过长，可以同时抓住宝宝的拳头和棍子一起拎起来，这样可以减少宝宝摔倒的概率。在家可以结合小区里运动器械中的单杠或徒手提拉进行动作练习。

活动材料

相框、拉菲草 　　　　棍子 　　　　大树

歌曲及玩法

小鸟醒来了

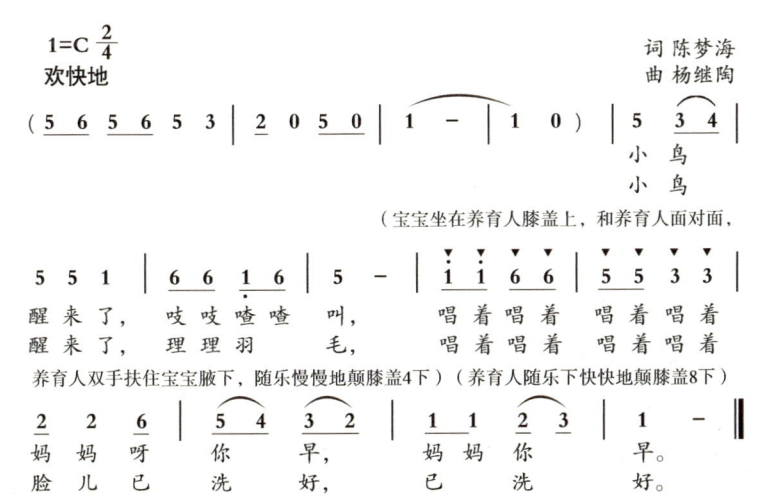

1=C 2/4
欢快地

词 陈梦海
曲 杨继陶

(5 6 5 6 5 3 | 2 0 5 0 | 1 — | 1 0) | 5 3 4 |
　　　　　　　　　　　　　　　　　　　小　鸟
　　　　　　　　　　　　　　　　　　　小　鸟

（宝宝坐在养育人膝盖上，和养育人面对面，

5 5 1 | 6 6 1 6 | 5 — | 1 1 6 6 | 5 5 3 3 |
醒来了，　吱吱喳喳叫，　　唱着唱着　唱着唱着
醒来了，　理理羽　毛，　　唱着唱着　唱着唱着

养育人双手扶住宝宝腋下，随乐慢慢地颠膝盖4下）（养育人随乐下快快地颠膝盖8下）

2 2 6 | 5 4 3 2 | 1 1 2 3 | 1 — ‖
妈妈呀　你　　早，　妈妈你　早。
脸儿已　洗　　好，　已　洗　好。

（养育人抱住宝宝向后倒下再快速起身两次）

41

活动十六：奶粉勺舀球

⭐ 宝宝目标

1. 学习使用奶粉勺舀起弹珠球，并坚持将自己的一份球舀完。
2. 尝试跟着养育人学唱数小球的数量到3。

⭐ 活动准备

1. 人手一份材料：奶粉勺1个、1只装有6颗弹珠球的碗、1只空碗。
2. 按摩球若干（多于宝宝人数）、球筐1个。

⭐ 活动过程

一、接待时光
二、问候时光　详见19—24个月亲子活动固定流程
三、韵律时光

四、温馨时光

1. 和弹珠球做游戏。

（1）出示弹珠球，引起宝宝活动兴趣。

教师：这是什么？可以怎么玩呢？

（2）养育人和宝宝面对面坐着玩小球，宝宝通过摆弄、滚动弹珠球感知其特点。

（3）教师小结：球可以滚一滚、跳一跳。

2. 教师边演示，边讲解奶粉勺舀球的玩法。

教师：这是什么？勺子给小球戴帽子，小手转，小球进来了，舀进另一只小碗里。

教师走近每个宝宝，让宝宝逐个练习舀球动作，并注意将碗倾斜，以便宝宝更容易舀到弹珠球。

3. 宝宝和养育人面对面玩舀弹珠球游戏。

4. 教师巡回指导，提醒养育人让宝宝舀完所有的小球后换只手再舀一舀球。

5. 游戏结束时，提醒宝宝将材料还给教师。

养育人目标：

1. 引导宝宝双手交替用奶粉勺舀球，观察是否两只手都能将球舀起来。
2. 养育人拿一颗、宝宝数一颗，鼓励宝宝连续数数。

养育人关注要点：

☞ 养育人和宝宝面对面玩球，一边玩一边告诉宝宝弹珠球的特点：圆圆的、滑滑的、硬硬的，丰富宝宝相关语词经验，并引导宝宝说一说球的特点。

☞ 此环节，养育人可以观察、了解宝宝习惯于用哪只手进行操作游戏。

☞ 在此过程中，鼓励宝宝左右手都来尝试舀球的动作，以促进其左右脑的协调发展。

☞ 宝宝舀不到小球时，养育人可以倾斜小碗，辅助宝宝进行操作。

五、运动时光：小球搬家

1. 教师边示范将按摩球抱起，将球运至球筐中。

2. 宝宝自己蹲站，并尝试抱球走，将球送至目的地。

六、道别时光：详见 19—24 个月亲子活动固定流程

> 此环节，养育人引导宝宝练习抱球蹲站，并尝试携带物品行走。宝宝通过重复的动作和运动收集信息来建构大脑内部的认知结构。

活动材料

装有弹珠的碗、奶粉勺

21 个月

活动十七：罐子咣啷啷

⭐ 宝宝目标

1. 尝试手拿儿童扫把平拖推着可以滚动的罐子前进。
2. 学说"向前""转弯""咣啷啷"。

⭐ 活动准备

1. 人手一份材料：儿童扫把、平拖、罐子各1个。
2. 串珠每人一小筐（10个左右）。

⭐ 活动过程

一、接待时光
二、问候时光 } 详见19—24个月亲子活动固定流程
三、韵律时光
四、温馨时光

1. 教师念儿歌《小罐子》，引导宝宝尝试模仿儿歌中的词语。

（1）宝宝拍手感受儿歌的节奏，尝试重复儿歌中的词语。

2. 教师出示罐子，引导宝宝追视，并尝试摇动空罐子听听没有声音。

教师：咕噜咕噜谁来了呀？原来是罐子呀！

养育人目标：
1. 观察宝宝推扫把动作是否协调，是否能将罐子推动前进。
2. 引导宝宝理解"向前""转弯""咣啷啷"等词语。

养育人关注要点：
🔖 养育人带领宝宝拍手感受儿歌的韵律，并用夸张的表情和语调重复儿歌。

🔖 养育人观察宝宝是一颗一颗拿珠子放进罐子，还是满把抓。观察宝宝能否听懂教师的语言指令，将自己手上的串珠放进罐子中。

教师:听听罐子有声音吗?摇一摇有没有声音?

3. 教师出示串珠,示范将串珠放进罐中,鼓励宝宝观察。

教师:这里有好多串珠哦!它们都想跳进罐子里玩,怎么才能到罐子里去呢?

(1) 先打开瓶盖(往同一方向旋转),拿一颗、放一颗。

(2) 教师请每位宝宝拿一颗串珠,放进老师的罐子里,练习拿和放的动作。

教师:再把瓶盖盖上去,摇一摇、哗啦哗啦……

4. 教师出示扫把,鼓励宝宝拿住扫把一端,前后推动使罐子向前滚动。

教师出示扫把,用扫把前端毛刷部位推动罐子,引导幼儿听罐子向前的声音,并模仿"咣啷啷"的声音。

5. 教师将罐子推给每个宝宝,宝宝和养育人尝试用扫把进行推动。

6. 教师出示平拖,引导宝宝迁移刚才玩扫把的经验,尝试转弯。

(1) 有目的地推动平拖,通过改变平拖的方向使其转弯。

(2) 罐子跑远后,能够追上并继续使用扫把推进。

五、运动时光:宝宝滚一滚

1. 教师示范平躺于地上,模仿罐子向前滚动的样子侧身向前滚。

2. 引导宝宝侧身躺下,通过侧翻身来进行向前、向后滚动。

六、道别时光:详见 19—24 个月亲子活动固定流程

> 养育人观察宝宝能否握住扫把的一端,准确地将扫把对准罐子进行推动。宝宝能够准确有目的地进行游戏时,可以和宝宝一人一把扫把做动作,你推给我,我推给你。

> 当宝宝不能有目的地寻找罐子进行推动时,养育人可以站在罐子旁边,吸引宝宝关注。

> 养育人观察宝宝能否有目的地控制自己,向指定方向滚。促进宝宝身体的控制、锻炼前庭觉和本体感。

活动材料

儿童扫把、平拖 　　　　罐子 　　　　　　串珠

儿歌

小罐子

小罐子,骨碌碌,
轻轻推呀转圈圈。
推一推,跑一跑,
滚来滚去真好玩。

活动十八:围圈圈

⭐ **宝宝目标**

1. 在成人的引导下,随乐做出"把手放进去、把手拿出来"游戏动作,学玩"两人拉个圈及集体围圈圈"等游戏。

2. 在成人的带动下,学说、学唱"放进去""拿出来"等歌词。

⭐ **活动准备**

1. 人手一个圈(直径约40厘米)。

养育人目标:

1. 关注教师的演唱、动作示范,带动宝宝做出相应的身体动作。

2. 持积极的热情,影响并带动宝宝在亲子互动中,享受亲子游戏的乐趣。

2. 音乐《我们来拉个圈》。

活动过程

一、接待时光：
二、问候时光： 详见 19—21 个月亲子活动固定流程
三、韵律时光：

四、温馨时光

1. 教师出示圈，引起宝宝对圈的兴趣。

（1）教师：宝宝们看，这是什么？圆圆的圈可以怎么玩呢？家长们说说看！

（2）教师根据养育人的回应，边示范玩圈的方法边说："圈可以滚！可以转！可以套……"

（3）每个宝宝一个圈，和养育者一起探索圈的玩法。

（4）游戏结束后，养育者带领宝宝面对教师坐下休息。

养育人关注要点：
☞ 养育人观察宝宝是否关注教师手中的圈，并愿意尝试各种玩法。

2. 教师示范歌曲里玩圈的方法。

（1）教师：看！圈圈还可以怎么玩呢？

（2）教师将圈放在地上，一边说"把小手放进去"，一边将自己的手放进圈里。然后说"把小手藏起来"，随即将自己的手藏到身后。

（3）养育者模仿教师语言，带领宝宝学动作。

3. 教师引导养育者带着宝宝"听信号玩圈"。

（1）养育者与宝宝面对面坐，将圈放在两人中间。

（2）教师清唱歌曲第一段，前面四句养育人和宝宝拉手，身体自然晃动。重点练习五、六句"把小手放进去、把小手藏起来"的动作，在唱到"拍拍我的小手，真呀真快乐"时，教师引导养育者带着宝宝较合拍地做拍手动作。

☞ 此环节，养育者不仅要观察与倾听教师的示范讲解，还要带动宝宝，跟随教师的动作与语言的提示做出相应的动作反应，帮助宝宝理解、体验语音信号与动作之间的联系。

（3）教师放慢速度清唱歌曲第一段，在养育人的动作帮助和引导下，宝宝边玩圈，边学说、学唱"放进去""拿出来"的歌词。

（4）在教师的带领下，家长和宝宝跟随音乐第一段一起游戏。

☞ 此环节，养育者关注宝宝语言表述能力以及对语音信号或成人动作示范的反应速度如何。以此了解宝宝的模仿能力、听辨能力、理解能力的发展状态。

4. 全体养育者和宝宝玩集体"围圈圈"游戏。

（1）所有的圈放在地上，一个接一个连成一个大圈。

（2）养育者与宝宝按逆时针方向一个跟着一个围着大圈站立，听教师清唱歌曲第二段。

（3）教师边唱边讲解边示范：养育者扶着宝宝肩膀，前四句围着大圆行进走。第五句时，养育者将宝宝抱进圆圈内，第六句再将宝宝从圆圈里抱出来。最后一句，养育者抱着宝宝旋转一圈。

（4）教师放慢速度清唱歌曲，全体养育者和宝宝玩游戏。

（5）完整播放歌曲，教师带领养育者和宝宝跟着音乐一起游戏。

5. 游戏完成后，宝宝将圈归还给教师。

五、运动时光：放松游戏

1. 教师用语音和动作带领养育者和宝宝一起做放松动作。

2. 养育人根据宝宝喜好，随乐创编各种放松按摩动作，可遵循从上到下的原则。

六、道别时光：详见19—21个月亲子活动固定流程

> 此环节增加了空间的位移，能训练宝宝空间知觉与空间运动能力。养育者应充分表现出积极投入的状态，逗引宝宝积极参与游戏。

> 养育者关注宝宝听到放松动作中语音、动作信号，能否做出相应动作。

活动材料

圈

歌 曲

我们来拉个圈

1=C 4/4

改编歌词：成 缓

```
 3          3          3
1 1 1  3.1 5 - | 1 1 1  3.1 2 - | 1 1 1  3.1 5 - |
我们来 拉个 圈，  我们来 拉个 圈， 我们来 拉个 圈，
我们来 拉个 圈，  我们来 拉个 圈， 我们来 拉个 圈，

 3    3
5 6 5  4 3 2  1 0 5 | 1.1  1.1  1 0 5 | 3.3  3.3  3 - |
手拉手 拉个 圈 圈。 把 小手 放进去，把 小手 藏起来，
手拉手 拉个 圈 圈。 把 宝宝 放进去，把 宝宝 抱出来，

5.5  5.5  5 5 | 3.1  2.2  1 - ‖
拍拍  我的  小手， 真呀  真快  乐。
抱起  我的  宝宝， 我们  转个  圈。
```

放松活动动作建议：

头儿头儿摇一摇，（养育人和宝宝面对面一起左右摇头部）

胳膊胳膊拍一拍。（养育人和宝宝互拍胳膊）

屁股屁股扭一扭。（养育人和宝宝一起扭屁股）

腿儿腿儿拍一拍，（养育人和宝宝互拍腿部）

小脚小脚跺一跺，（养育人和宝宝一起左右脚都跺一跺）

最后还要跳起来！（养育人和宝宝一起跳一跳）

活动十九：小动物藏猫猫

⭐ 宝宝目标

1. 能找到小动物的照片，通过撒、摆树叶，把小动物的照片"藏"（覆盖）起来。

2. 能用动作和语言回应养育人"藏起来了吗""藏在哪儿"等问题。

养育人目标：
1. 观察宝宝是用什么方法找到小动物的照片，并把小动物的照片"藏"起来。
2. 观察宝宝是否会用动作和语言回应养育人的问题。

⭐ 活动准备

1. 人手一份材料：手摇铃，小动物照片或卡片。
2. 音乐《虫儿飞》（可根据喜好替换）。
3. 有树叶的户外场地，教师事先将小动物照片藏在落叶中，露出部分。

⭐ 活动过程

一、接待时光
二、问候时光　　详见19—24个月亲子活动固定流程
三、韵律时光
四、温馨时光

1. 教师带领宝宝和养育人一同在户外散步，感受秋天树叶的变化。

（1）教师通过提问的方式帮助宝宝观察树叶颜色的变化。

教师：秋天到了，我们一起去小树林里找秋天吧！

教师：瞧！树上的叶子怎么啦？变成了什么颜色？

（2）教师引导养育人带领宝宝在小树林里找一找，感受秋天树叶的变化。

（3）教师带领幼儿一同在落叶下踩一踩。

教师：有的树叶落在地上，我们一起踩一踩，跳一跳吧！

2. 教师引导宝宝和养育人一起寻找小动物的照片，鼓励宝宝用语言或动作回应照片"藏在哪儿"。

教师：小动物的照片就藏在树叶里呢！宝宝们快去找找吧！

教师与每位宝宝互动：你找到了吗？找到了谁？它藏在哪儿呢？

3. 教师示范通过撒、摆树叶，将小动物的照片藏起来，激发宝宝参与的兴趣。

教师：快快把小动物的照片藏起来，这次让爸爸妈妈们来找找看吧！

养育人关注要点：

☞ 当宝宝注意力被户外环境中其他事物吸引时，需要养育人引导宝宝并将宝宝的注意力吸引到对树叶的颜色变化的关注上。引导宝宝跟随教师一起进行活动，培养宝宝活动的专注性和目的性。

☞ 此环节养育人可以带领宝宝共同在落叶上踩一踩、跳一跳，引导宝宝感受秋天氛围的同时锻炼宝宝腿部力量。

☞ 养育人可在宝宝寻找过程中观察其是否有意识、有目的地寻找小动物的照片，并鼓励宝宝说说照片在哪里找到的。

☞ 养育人此时可以观察宝宝是否理解"藏"的意思。在"藏"的

教师：怎么藏呢？

宝宝自由找树叶藏照片，教师引导养育人提问：藏起来了吗？并用富有情境性的语言与动作寻找动物照片。

五、放松活动

教师播放音乐《虫儿飞》，养育人与宝宝共同跟着音乐节奏，用手摇铃轻拍身体部位。

六、道别时光：详见19—24个月亲子活动固定流程

> 过程中是否利用树叶进行遮盖，养育人可在一旁观察宝宝的操作方式。如宝宝能理解"藏"的意思，养育人可引导宝宝更换不同的场地藏照片。如宝宝无法想出办法时，养育人可边用语言提示宝宝"用树叶撒一撒、摆一摆"，边用树叶盖住部分小动物照片，引导宝宝将照片剩余部分藏起来。

> 使用轻柔舒缓的音乐，让宝宝在音乐的氛围中放松身体肌肉，养育人可有意识地从上到下轻拍宝宝手臂、腿部及后背肌肉，以起到放松作用。

活动材料

藏照片 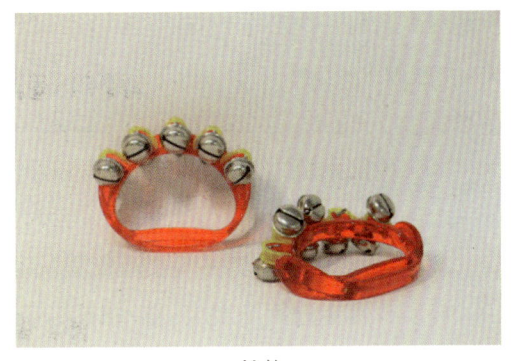　　　　　　　　摇铃

活动二十：夹小球

⭐ 宝宝目标

1. 认识雪球夹，用雪球夹做出开合的动作，并尝试夹毛球、乒乓球等。
2. 学说"夹紧"和"松开"。

> **养育人目标：**
> 1. 鼓励宝宝愿意反复开合雪球夹，练习夹起不同的球。
> 2. 用语言引导宝宝用夹子夹软软的球、硬硬的球。

⭐ 活动准备

1. 人手一份材料：小球 1 筐（毛球 5 个、乒乓球 5 个）、雪球夹 2 把、不同颜色的小筐 2 个。

2. 按摩球（多于人数），球筐 2 个。

⭐ 活动过程

一、接待时光 ⎫
二、问候时光 ⎬ 详见 19—24 个月亲子活动固定流程
三、韵律时光 ⎪
四、温馨时光 ⎭

1. 教师出示雪球夹和毛球，引导宝宝感知新游戏玩法。

（1）教师出示雪球夹、装有毛球的筐和另一个不同颜色的筐，教师边念儿歌，边示范用雪球夹将球从一个筐中夹到另一个筐中：雪球夹手中拿，两只小手一起夹，大毛球夹起来，一个、两个、三个……五个毛球送回家。

（2）教师示范再从一个筐中一个一个夹起来放到另一个颜色的小筐中。

教师：再帮毛球换到另一个小筐里玩吧！

（3）教师走近每个宝宝，依次让宝宝尝试用雪球夹将毛球夹进小筐内。

（4）教师给每位宝宝一份材料，引导养育人陪伴宝宝，鼓励宝宝尝试用雪球进行夹球游戏。

（5）游戏结束，请养育人将活动材料放在身后。

2. 教师出示乒乓球，示范雪球夹和乒乓球做游戏。

（1）教师出示乒乓球，让宝宝摸一摸、捏一捏，同时讲解：乒乓球是圆圆的、滑滑的、硬硬的，会弹起来。

（2）宝宝每人拿一个乒乓球玩一玩，感受其特点。

（3）教师示范将乒乓球从一个小筐夹到另一个颜

养育人关注要点：
🔹 教师示范时，引导宝宝关注雪球夹打开的大小，太大合拢时距离较远，不易夹起。

🔹 虽然都是练习夹球的动作，但毛球与乒乓球质地不同，这对宝宝小手肌肉的控制力是有一定要求的。

色的小筐,再从一个筐夹到另一个筐。

教师:这里还有一些蛋宝宝想回家哦!

(4) 教师走近每个宝宝,依次让宝宝尝试夹一个乒乓球放进小筐,再夹进另一个颜色的小筐中。

3. 宝宝和养育人面对面进行操作游戏。

五、运动时光:宝宝运球

1. 教师出示按摩球,示范双手抱住球,将球送进场地对面的筐中。

2. 宝宝反复游戏,养育人共同参与,玩"看谁运得快"。

六、道别时光:详见 19—24 个月亲子活动固定流程

> 养育人观察宝宝夹球的动作,如果宝宝能双手协调地使用雪球夹,养育人可适当调整两个小筐之间的距离;如果宝宝从"蛋托"中夹球或夹乒乓球有困难,可以再次示范打开雪球夹,引导宝宝关注雪球夹靠近小球,对准后夹紧;如果宝宝仍有困难,养育人可拿住宝宝手尝试夹球。

> 养育人可关注宝宝双手抱住球时,能否稳定住身体向前行进走。因为缺少了手臂保持平衡,宝宝需要调动更多身体核心部位力量控制住身体不摇晃。

活动材料

小筐、雪球夹、毛球、乒乓球

活动二十一：刷牙

⭐ 宝宝目标

1. 愿意听教师逐页讲述图画书《刷牙》，知道每天都要用牙刷刷牙。
2. 模仿教师刷牙的动作，学说"刷牙"。

⭐ 活动准备

1. 人手一份操作材料：小动物刷牙玩具。
2. 自制大牙刷1把，图画书《刷牙》1本，跨栏2个。

⭐ 活动过程

一、接待时光
二、问候时光　　详见 19—24 个月亲子活动固定流程
三、韵律时光
四、温馨时光

1. 教师出示图画书《刷牙》，带领宝宝一起阅读，并通过提问等方式帮助宝宝了解故事内容。

教师：故事里有谁？它拿着什么？做了什么动作？

教师：你们有没有刷过牙？

教师：我们一起和小熊学一学怎么刷牙的？（用小手当作小牙刷）

2. 教师拿出自制大牙刷，引导宝宝猜测是什么小动物的牙刷。

（1）教师：宝宝看，这是什么？哇！一把好大的牙刷！

（2）教师走近宝宝，引导每个摸摸、拿拿大牙刷，学说"牙刷"。

（3）教师根据故事内容小结：宝宝每天都要刷牙，刷牙时，牙齿里的每个地方都要刷到，漱口时要把水吐出来。

（4）教师带领宝宝每人拿一把牙刷，练习学做刷牙的模仿动作。

养育人目标：
1. 观察宝宝是否愿意倾听并逐页观看《刷牙》的图画书。
2. 观察宝宝是否愿意跟随教师做"刷牙"的动作，学说"刷牙"。

养育人关注要点：

养育人观察宝宝能否理解故事内容，用语言回答教师的简单问题，或者模仿小熊的动作。

养育人观察宝宝能否拿起牙刷对准绘本小动物的牙齿部位，知道牙刷是用来刷牙的，理解绘本的故事情境。引导宝宝尝试说"刷牙。"

教师：宝宝们也来试一试，为图画书上的小动物刷刷牙。

（5）养育人和宝宝亲子阅读拿出牙刷为图画书中的小动物刷刷牙。

3. 教师出示"小动物刷牙"玩具，引导宝宝学习用牙刷刷牙。

（1）教师引导宝宝观察发现小动物的牙齿上有黑色污垢。

教师：咦？它的牙齿怎么了？

（2）教师边示范边讲解学习给小动物刷牙的方法。

教师：一手扶小动物一手拿牙刷，用牙刷将"牙齿"上的黑色污垢刷下来，尝试从左往右、从上到下刷牙，感受刷牙的顺序。

（3）养育人和宝宝人手一份小动物刷牙玩具，引导宝宝拿小牙刷为小动物刷牙。

五、运动时光：送回家

1. 教师出示跨栏，引导宝宝用自己的方式跨越障碍。

2. 宝宝和养育人尝试通过跨栏将小动物和牙刷"送回家"。

六、道别时光：详见 19—24 个月亲子活动固定流程

> 养育人观察宝宝能否自主探索，将小动物的嘴巴打开，并为小动物刷牙。

> 宝宝能够有意识地为小动物刷牙时，养育人可引导宝宝有顺序地从里到外，从上到下地进行刷牙。

> 宝宝对刷牙没有兴趣时，养育人可带领宝宝一起打开动物嘴巴，并进行刷牙操作。

> 锻炼宝宝的腿部肌肉力量，尝试单脚站立，抬脚跨越障碍。提高宝宝的平衡能力和协调能力。

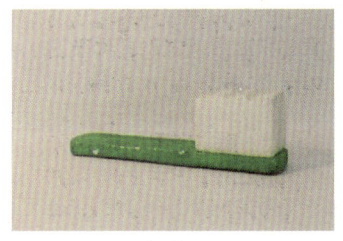

活动材料

| 大牙刷 | 小动物刷牙玩具 | 跨栏 |

> 故事

刷牙啦

[日本] 木村裕一 著

崔维燕 译

小刺猬:小老鼠、小熊、小兔子、小猴子:小鳄鱼,出来玩儿吧!

小鳄鱼:等一下,我刷完牙就来。

小兔子:啊,我忘了……

小熊、小猴子:我也忘了。

小兔子、小刺猬:我也忘了。

小刺猬、小老鼠、小熊、小兔子、小猴:小鳄鱼,等一会儿吧,我们都忘了一件事。

小熊:刷牙,千万不能忘。唰、唰、唰……

小兔子:跟妈妈说好的,吃完东西要刷牙。唰唰唰……

小老鼠:上面的牙,下面的牙,前面的牙,里面的牙。唰唰唰……

小猴:含一口水,鼓起腮帮,咕噜、咕噜、咕噜。

小刺猬:嗯一噗!好,刷完了!

小刺猬、小老鼠、小熊、小兔、小猴:小鳄鱼、一起玩儿吧!

小鳄鱼:你们忘了什么事儿呀?

小刺猬:小老鼠、小熊、小兔子、小猴:刷——牙!

活动二十二:身体对对碰

⭐ 宝宝目标

1. 愿意在教师的语言、歌词"碰一碰"的提示下,与养育人触碰相应的身体部位。
2. 尝试边摸一摸边说出自己身体部位的名称。

⭐ 活动准备

1. 小狗、小猫、小鸭毛绒玩具各1个。
2. 仿真娃娃1个,海洋球1筐。

养育人目标:
1. 养育人应积极主动地做游戏,带动宝宝跟着歌词做动作。
2. 观察宝宝在歌词"碰一碰"时,能否轻轻触碰相应的身体部位。

3. 音乐《碰一碰》。

活动过程

一、接待时光
二、问候时光　　详见19—24个月亲子活动固定流程
三、韵律时光
四、温馨时光

1. 教师边操作绒毛玩具边讲述故事，引导宝宝关注表演。

（1）教师边操作边讲述一遍《碰一碰》故事。

教师：小狗遇到谁啦？（小猫）指一指，小猫在哪里？

小狗又遇到谁啦？（小兔）指一指，小兔在哪里？

小狗又遇到谁啦？（小鸭）指一指，小鸭在哪里？

（2）教师再次讲述故事，引导宝宝学习回答小动物间触碰的身体部位名称并和养育人碰一碰。

教师：小狗遇到小猫啦！他们碰一碰哪里呢？

教师引导宝宝摸一摸自己相应的身体部位。

教师：家长先用手触碰宝宝的头，并说这是宝宝的头，再抓着宝宝的手触碰自己的头说这是宝宝的头，最后用自己的头轻轻碰一碰宝宝的头。

养育人根据故事中小动物互相触碰的身体部位，引导宝宝边摸边说说身体部位名称并碰一碰。

2. 教师带领养育人和宝宝模仿小动物玩"碰一碰"的游戏。

教师有节奏地念歌词，示范用仿真娃娃表演，引导并提醒宝宝和养育人轻轻碰一碰身体任意部位（如小手、屁股、小脚）。

3. 教师引导养育人与宝宝一起听音乐做游戏。

（1）养育人听教师语音提示让宝宝和自己触碰身体部位。

（2）教师带领宝宝们玩"碰一碰"的游戏，和好朋友、老师碰一碰。

教师：宝宝们不仅可以和爸爸妈妈碰一碰，还可以

养育人关注要点：

🎗 通过图画书中碰一碰动作的练习，帮助养育人和宝宝增进亲子情感的同时，在后面根据音乐自由碰一碰时，迁移相关动作和经验。

🎗 引导宝宝和养育人互动，养育人边做动作边说出其身体部位名称。

🎗 此环节，养育人可以观察宝宝对语音信号或养育人动作示范的反应速度如何。以此了解宝宝的听辨能力、理解能力与观察能力的发展状况。如果宝宝能迅速根据歌词"碰一碰"，与养育人互相碰身体部位，养育人可引导宝宝说说碰的是哪里，并启发宝宝下次碰不一样的地方；如果宝宝在歌词念到"碰一碰"时不知道碰哪里，养育人可先向宝宝展示自己的某一身体部位，并说出该身体部位的名称，引导宝宝和自己碰同一身体部位；如果宝宝仍不能做出展示该身体部位的动作，养育人可主动用自己的身体部位碰一碰宝宝的身体部位，帮助宝宝理解游戏。

和老师碰一碰,也可以和好朋友们碰一碰哦!记得要轻轻地哟!

五、运动时光:碰一碰

1. 教师边示范扔小球进筐边引导宝宝参与游戏:小球想和球筐碰一碰,宝宝快来帮帮忙。捡起小球,找到球筐,1、2、3,扔进去,小球碰到球筐啦!宝宝真棒呀!

2. 教师、养育人共同参与将宝宝扔进球筐的球倒出来,引导宝宝继续捡球扔进球筐。

六、道别时光:详见 19—24 个月亲子活动固定流程

> 此时养育人可观察宝宝接纳同伴的情况,是主动寻找不同的人玩碰一碰的游戏,抑或被动寻找但愿意参与,养育人都可鼓励、表扬宝宝,这是发展宝宝社会性交往能力的好机会。

> 养育人可观察宝宝扔的动作的发展,宝宝能否拿住物体单手做扔的动作,物体的运动方向是有一定向前、向上的运动方向,还是直线向下。宝宝在扔的过程中是否理解"小球碰球筐",对准球筐有目的地扔,而不是随意扔。

活动材料

毛绒玩具 　　　　球筐和球

故事

碰一碰

文　顾婷婷

小狗出门散步,遇到了小猫。它们碰碰头,打了个招呼。

小狗继续往前走,又遇到了小兔,它们碰碰小脚,打了个招呼。

小狗又继续往前走,遇到了小鸭,它们碰碰屁股,打了个招呼。

歌曲及玩法

碰一碰

1=C 2/4

1 34 | 53 | 64 | 2 - | 1 34 | 53 | 42 | 1 - |
妈 妈和 宝宝 碰一 碰， 妈 妈和 宝宝 碰一 碰。
（养育人拍手逗引宝宝拍小手）　　　　　（养育人拍手逗引宝宝拍小手）

44 | 6 - | 00 | 00 | 1 1 34 | 55 3 | 44 22 | 1 1 ‖
碰哪 里？ 快快 来！
（养育人双手高举向下挥手做招手动作）（养育人和宝宝轻轻碰一碰）

活动二十三：好吃的橘子

⭐ **宝宝目标**

1. 能双手配合将大块橘皮撕成小块，并在不干胶纸上进行摆放贴画。
2. 用语词、动作大胆表达自己对橘子的发现。

⭐ **活动准备**

1. 人手一份材料：纸盘1个、橘子造型不干胶纸2个、小动物玩偶。
2. 大摸袋1个（装有多于宝宝人数的小贡橘），湿纸巾1包，仿真橘子1筐（数量多于宝宝人数）、平衡步道1块、跨栏2个。

养育人目标：
1. 鼓励宝宝自己剥橘子，尽量将大块橘皮撕小后再摆放贴画。
2. 观察宝宝是否愿意学习养育人的语言，用"甜甜的""圆圆的"等词语表达对橘子的发现。

⭐ 活动过程

一、接待时光 ⎫
二、问候时光 ⎬ 详见 19—24 个月亲子活动固定流程
三、韵律时光 ⎭
四、温馨时光

1. 摸袋摸礼物，引出活动。

教师：神奇的口袋里可能有礼物！不能看，有什么办法能知道是什么？

（1）教师走近宝宝，依次让宝宝伸手进大摸袋摸一摸，闻一闻，猜猜可能是什么。

（2）教师拿出一个橘子藏在手心里，慢慢打开，问：你们看看，这是什么呀？

（3）教师走近宝宝，宝宝学说"橘子"。

2. 和橘子做游戏，感知橘子的特征。

（1）教师边示范边讲解观察橘子的方法。

教师：滚一滚，圆圆的；闻一闻，香香的；摸一摸，滑滑的。

（2）每个宝宝在摸袋里取出一个橘子，和养育人一起感知橘子特点。

3. 教师边示范讲解，边引导宝宝自己剥橘子、品尝橘子。

（1）教师：橘子要请谁吃呢？可以怎么吃？

（2）养育人帮助宝宝用湿纸巾擦手，养育人将橘子剥开一个小口，宝宝自己接着剥下橘子皮，并闻一闻橘子皮的香味。

（3）每个宝宝一个小盘子，放剥下的橘子皮。

（4）宝宝分橘子瓣，先请养育人吃一片，再自己吃一片，还要给教师吃一片。

（5）橘子要全部吃完，吃完擦擦手。

4. 教师边示范边讲解橘子皮撕贴画的方法。

（1）教师示范撕橘子皮，教师：拇指、食指靠一靠，一前一后撕小块。

（2）教师出示贴有橘子不干胶的纸盘，撕开不干

养育人关注要点：
📖 养育人和宝宝共同游戏，观察宝宝能否讲出"橘子"，尝试引导宝宝模仿语言"圆圆的"。

📖 养育人观察宝宝是否愿意自己剥橘子、吃橘子，是否愿意和他人分享。如果宝宝能够自己动手剥开橘子，鼓励宝宝用语言表达出对橘子的发现，如"甜甜的""圆圆的"等。

📖 养育人剥开一个小口后，宝宝能否自己剥开橘子皮并坚持剥完，培养宝宝的耐心。

📖 观察宝宝使用什么方式将剥下来的橘子皮摆放于纸盘上，是用拇指、食指捏起后粘贴，还是满把抓撒。养育人可引导宝宝采用捏放的方式，锻炼宝宝小手精细动作。

胶,让每个宝宝摸一摸黏黏的一面。

（3）将小块橘子皮全部摆放在纸盘上,白色向下、外皮朝上,用手按一按、拍一拍。

五、运动时光:运橘子给小动物吃

1. 教师出示小动物玩偶,吸引宝宝。

教师:小动物也想吃橘子啦,想请宝宝们帮帮忙,送给他们吃。

2. 教师拿起仿真橘子走过平衡步道,跨过跨栏送给小动物。

教师:这里还有许多橘子,每次拿一个送给小动物。

3. 引导宝宝捡所有的橘子,送回筐里。

六、道别时光:详见 19—24 个月亲子活动固定流程

> 养育人观察宝宝能否手持物品,并保持平衡走过平衡步道。跨越障碍时,能否保持平衡,单脚跨越。

活动材料

仿真橘子一筐

橘皮撕贴画

活动二十四：抽屉里的秘密

⭐ 宝宝目标

1. 探索抽屉的开合方法，感知抽屉里面可以装东西。
2. 初步理解动作和词语"打开""关上"之间的关系，并尝试学说词语。

⭐ 活动准备

1. 人手一份材料：四层抽屉（装有小汽车、响声玩具、抓握玩具、拉铃玩具等）。
2. 伸缩球一筐（数量多于宝宝人数）。

⭐ 活动过程

一、接待时光
二、问候时光 ｝详见 19—24 个月亲子活动固定流程
三、韵律时光
四、温馨时光

1. 教师出示塑料抽屉，引起宝宝游戏的兴趣。

教师：这是一个抽屉，里面有东西。

教师：有宝宝能把它打开吗？

（1）教师邀请宝宝上前尝试。

（2）教师语言描述、讲解宝宝打开、关上抽屉的动作。

教师：拉开，关上。

（3）养育人与宝宝面对面游戏。

2. 教师出示玩具，激发宝宝摆弄兴趣。

（1）教师出示玩具，吸引宝宝追视。

教师：嘀嘀嘀，小汽车来了。小汽车开到哪里了呀？（教师将小汽车藏进抽屉里）

（2）教师出示发声玩具引导宝宝寻找。

教师：听，这是什么声音呀？玩具在哪里呢？好像藏起来了，藏在哪里呢？

（3）教师依次出示抓握玩具和拉铃玩具。

养育人关注要点：

1. 鼓励宝宝自己想办法打开、关上抽屉。
2. 引导宝宝打开抽屉后，对应动作说出"打开""关上"，理解它们之间的关系。

🔖 此年龄段的宝宝对周围的事物开始产生好奇心，翻抽屉是宝宝探索空间的一种行为，通过反复操作感受物品和空间的关系。

🔖 养育人观察宝宝对抽屉内部物品和空间的探索情况。

🔖 宝宝能够熟练打开抽屉后，养育人尝试引导宝宝用手伸向抽屉内部进行探索。

🔖 宝宝不会打开抽屉时，养育人带着宝宝的手勾一勾，拉开、关上。引导宝宝打开抽屉后，根据相应动作说出"打开""关上"。

3. 养育人和宝宝人手一份玩具，宝宝尝试拉开抽屉寻找。

4. 教师拉开一层抽屉，并表演放回去的动作。

5. 每个宝宝一份材料，养育人和宝宝面对面坐着玩拉抽屉的游戏。

（1）根据宝宝情况，养育人手扶稳抽屉，引导宝宝主动找出抽屉里的玩具。

（2）引导养育人和宝宝一起玩一玩，探索玩具的玩法。

（3）指导养育人关注宝宝的手部动作发展水平，鼓励宝宝主动打开、关上抽屉。

6. 游戏结束后，引导宝宝自己将玩具送回教师处。

> 宝宝现在开始有初步的规则意识，养育人在生活中可以带着宝宝一起整理自己的抽屉，如装衣物、装玩具的抽屉等。养育人通过动作和语言告诉宝宝东西要摆放整齐。

五、运动时光：打开花球

1. 教师出示彩色的花球（伸缩球）。

（1）教师做出花球变大变小，双手拉开、合上的动作。

（2）指导养育人：和宝宝一起说说、做做像什么（泡泡、气球、花等），培养宝宝的象征性思维。

2. 每个宝宝一个球，宝宝模仿练习双手拉开、合上动作，锻炼双手配合协调性。

3. 指导养育人带领宝宝站起来，运用各种动作让彩球变大变小，滚起来（扔、踢等）。

> 观察宝宝的动作是否协调，并能双手配合将伸缩球变大变小。多种方式探索伸缩球的特点，尝试踢一踢、扔一扔等。

六、道别时光：详见 19—24 个月亲子活动固定流程

活动材料

四层抽屉　　　　　　　　伸缩球

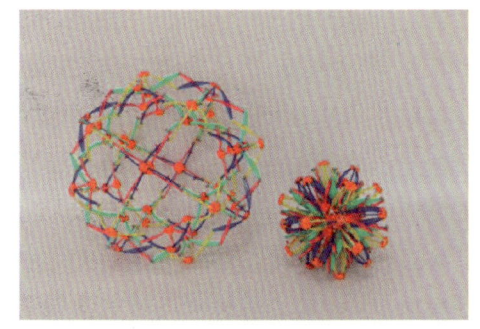

22 个月

活动二十五：水果箱

⭐ 宝宝目标

1. 学习找到弹力绳空档处，用力塞或扒开放入或取出水果。
2. 在养育人的询问下能说出塞进去、取出的水果名称。

⭐ 活动准备

人手一份材料：弹力绳水果箱、塑料水果。

⭐ 活动过程

一、接待时光
二、问候时光 详见 19—24 个月亲子活动固定流程
三、韵律时光
四、温馨时光

1. 出示水果箱，引导宝宝观察水果箱中的物品。

（1）教师晃动水果箱，吸引宝宝注意力，引导宝宝倾听。

教师：哗啦啦，听一听是什么声音。

（2）教师引导宝宝透过箱子的绳子观察里面的物品。

教师：哇，里面有好多水果，怎么把水果拿出来呢？

（3）教师走近每位宝宝，引导宝宝观察怎样将手

养育人目标：
1. 观察宝宝是否能用什么方法取出水果，在拿取过程中遇到困难怎么应对。
2. 观察宝宝能否边操作边说出取出的水果的名称。

养育人关注要点：
- 养育人引导宝宝观察教师的手变成尖尖的"小鸡嘴巴"，从什么地方开始将水果网撑开拿出水果。
- 养育人观察宝宝对教师的问题是否有回应。

伸进水果箱中。教师将取出的水果分发给宝宝们。

2. 教师走近宝宝,鼓励宝宝将手中的水果塞进水果箱中。

(1) 教师走近宝宝时,询问宝宝手里拿的是什么水果。

(2) 养育人和宝宝共同回答。

3. 养育人和宝宝每人一个水果箱,引导宝宝反复拿取,并尝试放回。

4. 教师念《吃水果》的儿歌,边做动作引导宝宝模仿学习动作和语言。

(1) 教师双手配合边念边做儿歌动作。

教师:洗洗洗苹果,切切切苹果,
　　　吃吃吃苹果,苹果苹果香又甜。

(2) 养育人和宝宝互动游戏,重点做出洗、切、吃的歌谣动作。

(3) 鼓励宝宝说出不同水果的名称,工整替换歌谣游戏。

五、运动时光:藏水果箱

教师和养育人将水果箱、塑料水果藏在室内各处,宝宝走向各个角落进行找寻,找到后将水果放入水果箱,并送还给教师。

六、道别时光:详见 19—24 个月亲子活动固定流程

> 宝宝愿意回答时,观察宝宝能否准确说出水果的名称,并理解词语"放进去"的含义。

> 宝宝不愿意回答时,养育人可代替宝宝回答,帮助宝宝建立问答的习惯。

> 养育人观察宝宝是否愿意跟随歌谣做动作,并尝试学念歌谣,说"洗""切""吃""苹果"等词语。

> 锻炼宝宝的行走能力和身体协调能力,尝试用弯腰、翻找等各种方式找到藏起来的物品。

活动材料

弹力绳水果箱与塑料水果

> 儿 歌

吃水果

洗洗洗(苹果),

切切切(苹果),

吃吃吃(苹果),

(苹果苹果)香又甜。

活动二十六：小马

⭐ **宝宝目标**

1. 在养育人的帮助下,能跟着音乐的快慢做出"快快的""慢慢的"的动作。
2. 学说"快快的""慢慢的"。

⭐ **活动准备**

1. 人手一份材料:发条小马玩具。
2. 歌曲《小马》;平衡步道2条。

⭐ **活动过程**

一、接待时光
二、问候时光　详见19—24个月亲子活动固定流程
三、韵律时光
四、温馨时光

1. 完整欣赏歌曲,初步感受旋律和歌词。

(1) 出示小马发条玩具,引出游戏。

教师:小马要来和我们做游戏。

教师:玩具小马也来了,待会儿它还要跟着爸爸一起出去玩呢!

养育人目标:

1. 观察宝宝是否愿意被动地跟着养育人做出"慢慢走"和"快快走"的动作。
2. 观察宝宝是否能在养育人语言提醒下尝试说"快快的""慢慢的"。

（2）教师播放音乐，宝宝倾听感受音乐的旋律和歌词。

2. 跟随教师随乐做手指游戏。

（1）教师跟随音乐完整表演手指动作。

教师：我的小手当小马的脚，跑起来喽！

（2）教师跟随音乐用手指在腿上一下一下做出"快快的""慢慢的"两种节奏，初步训练节奏感和手臂的灵活性和协调性的节奏动作。

（3）养育人模仿教师动作，带领宝宝用手在腿上做节奏动作。

3. 教师邀请宝宝轻轻起立，和教师一同律动。

（1）教师跟随音乐和宝宝律动。

教师：请宝宝和我一起站起来，双手放在前面，做出骑马的样子。

（2）教师引导宝宝随乐快快跑和慢慢跑，最后能控制身体突然停下。

4. 亲子音乐游戏，宝宝和养育人一起骑马。

（1）教师边示范边讲解游戏玩法。

（2）养育人背起宝宝和教师一起随乐游戏，宝宝体验"快快的""慢慢的"，摔了一跤"停下来"。

五、运动时光：小马过河

1. 模仿小马的样子跨过"小河"（平衡步道）到达送货地点。

2. 教师在地面铺设平衡步道，养育人引导宝宝想办法跨越"小河"。

六、道别时光：详见 19—24 个月亲子活动固定流程

养育人关注要点：

☞ 养育人观察宝宝手指游戏和拿玩具游戏时，能否随乐做出"快快的""慢慢的"两种节奏动作，是否需要养育人抓着手臂辅助动作。

☞ 养育人观察宝宝能否跟随教师的口令和节奏控制自己的身体。
宝宝不能控制自己的身体时，养育人可带领和引导宝宝停下，注意听音乐和老师的口令，看教师的动作进行模仿。

☞ 养育人观察宝宝能否听懂口令，做出相应动作。

☞ 观察宝宝能否用自己的方式过河（爬行、跨越等），锻炼宝宝的下肢力量和平衡能力。

活动材料

发条小马玩具

歌 曲

小 马

1=D 2/4

3 5 5 5 | 6 5 5 5 | 3 5 5 5 | 1 3 2 |
小马 小马， 摇着 尾巴， 跟着 爸爸 去玩 耍，

3 5 5 5 | 6 5 5 5 | 5 33 5 33 | 2 2 1 |
走过 高山， 走过 小河， 包普里包普里 跌一 跤。

5 33 5 33 | 2 2 | 1 - ‖
包普里包普里 跌 一 跤。

活动二十七：点点衣

⭐ **宝宝目标**

1. 学习揭下较大的圆点贴纸，贴在白色的平面"纸衣服"上。

2. 在养育人的引导下，找到图画书里的"点"，学

养育人目标：

1. 鼓励宝宝自己撕贴圆点，观察宝宝是否知道将圆点黏黏的一面朝下贴。

2. 引导宝宝理解图画书内容，观察、找到、说出画面里的"点"在哪里。

说"圆圆的"。

活动准备

1. 人手一份材料：大小、颜色不同的圆点贴纸一小筐，不同造型的白色平面"纸衣服"1件。

2. 图画书《你好，点点》1本。

活动过程

一、接待时光
二、问候时光 　详见 19—24 个月亲子活动固定流程
三、韵律时光
四、温馨时光

1. 教师出示图画书《你好，点点》，引导宝宝观察、感受画面里的"点点"。

教师：这本书上有什么？

教师：你知道什么东西是"圆圆的"？

2. 教师逐页阅读图画书，引导每个宝宝都说一说画面上的"点"在哪里。

3. 教师出示白色的平面"纸衣服"，引出给衣服装饰圆点的活动。

教师：宝宝们，看，这是什么呀？

教师：衣服上没有好看的图案，想请宝宝们帮帮忙。

4. 教师出示大小、颜色不同的圆点贴纸，引导宝宝观察与尝试。

（1）教师请每位宝宝轮流触摸圆点贴纸，感知贴纸正面是滑滑的、反面黏黏的。

教师：圆点想和衣服做朋友，一手拿、一手撕，黏黏的一面朝下贴，找找衣服上的空地方，变出多多的点点衣。

（2）教师请每位宝宝撕下一个圆点，再贴到衣服上。

（3）集体欣赏点点衣。

5. 作品发放游戏材料，亲子互动游戏。

养育人关注要点：

☞ 养育人引导宝宝表述出自己的已有经验，说说自己知道的圆圆的东西。仔细观察画面，用语言说出画面上的"点"在哪里。

☞ 鼓励并引导宝宝伸手摸，感知圆点贴纸正反面的滑和黏，观察宝宝是否能撕下一个圆点贴纸，并尝试将圆点黏的一面朝下贴在衣服上。

☞ 观察宝宝撕圆点的动作是否协调。

☞ 宝宝能双手配合撕圆点，鼓励宝宝将"点点"完整撕下，避免褶皱。宝宝不能双手配合撕下圆点时，养育人可帮助其拿住纸张，让宝宝双手操作。

教师:还有很多款式的衣服,宝宝选一个自己喜欢的,再拿一筐圆点贴纸,和家长面对面装饰衣服哦!

五、运动时光:大泡泡、小泡泡

1. 教师带领宝宝、养育人手拉手,边念儿歌边变成大泡泡、小泡泡。

(1) 养育人、宝宝手拉手变成小泡泡。

(2) 两对养育人宝宝手拉手变成大泡泡。

(3) 所有人手拉手变成一个大泡泡。

六、道别时光:详见 19—24 个月亲子活动固定流程

> 鼓励宝宝愿意手拉手,在养育人的带领下有目的地向前走、向后退,体验本体感觉。

活动材料

圆点贴纸、纸衣服

儿歌及玩法

大泡泡、小泡泡

大泡泡小泡泡,我吹的泡泡圆又圆。(手拉手围圈,原地踏步)

大泡泡小泡泡,我的泡泡变小喽,(原地踏步,手拉手向中间走变小圆)

大泡泡小泡泡,我的泡泡变大喽,(原地踏步,手拉手向后退变大圆)

大泡泡小泡泡,我的泡泡飞走喽!(原地踏步,养育人抱起宝宝转一圈放下)

活动二十八：舀球大赛

⭐ 宝宝目标

1. 尝试双手交替，用长柄勺舀起小球。
2. 在养育人带领下，学习念儿歌。

⭐ 活动准备

1. 人手一份材料："舀球大赛"操作玩具1盒、小推车1辆。
2. 按摩球1筐（数量多于宝宝人数2—4倍）、空球筐1个。

⭐ 活动过程

一、接待时光
二、问候时光 } 详见19—24个月亲子活动固定流程
三、韵律时光
四、温馨时光

1. 教师出示舀球活动材料，教师运用抽拉动作打开盒子。

教师：这是什么？什么形状的？盒子里面有球、有勺子。

教师：勺子是什么样的呀？

教师念儿歌帮助宝宝认识勺子的特征：

长长勺子小小球，宝宝握勺舀起球，

宝宝舀得稳，宝宝舀得准。

（1）宝宝人手一把勺子，养育人和宝宝共同探索勺子的不同玩法。

教师：养育人们，你们说说看勺子可以怎么玩呢？

（2）教师引导养育人帮助宝宝徒手练习舀的动作。

2. 教师走近宝宝，依次让每个宝宝试一试舀球的方法，观察宝宝的动作。

养育人目标：

1. 鼓励宝宝两只手都试一试用长柄勺舀小球，观察宝宝能否坚持将小球全部舀完。
2. 引导宝宝说说舀起的球的颜色，观察宝宝是否愿意跟着养育人一起唱数。

养育人关注要点：

🔔 在原有奶粉勺舀球的基础上进一步练习舀的动作，为自己用勺子吃饭做练习。养育人观察宝宝两手分别用勺子动作是否熟练。

3. 每个宝宝一份材料，养育人带领宝宝游戏。

（1）宝宝两只手各试一次用勺子舀球的动作，坚持将球全部舀完。

（2）教师逐一给每个宝宝加入材料中的布兜，养育人和宝宝每人一把勺子竞赛游戏。

教师：这次要把球舀进布兜里，看看养育人舀得快还是宝宝舀得快哦！

（3）游戏结束后，将材料装回盒子，送还给教师。

4. 出示按摩球，教师边示范边讲解踢球玩法。

教师：看看这是什么球？今天不用手也能让球进球门。

（1）教师充当宝宝的角色，与一名养育人共同示范游戏玩法。

教师：养育人分开两腿站立，当"球门"，宝宝和养育人面对面站开一段距离。

教师：请宝宝将球踢进"球门"。

（2）宝宝捡回球再次游戏，练习准确地将球踢进"球门"。

5. 每个宝宝一个球，养育人带领宝宝找空地方游戏。

6. 游戏结束后，宝宝将球还给教师。

五、运动时光：运小球

1. 教师在场地上一边摆放人手一辆小推车、一筐按摩球，另一边摆放一个空筐。

2. 教师边示范边讲解玩法。

拿一个球放在小车上，推车，走到空筐处，将按摩球放进筐里；返回后再次运球，反复游戏。

3. 养育人带领宝宝游戏。

（1）提醒宝宝注意球滚落时要捡起放在小车上。

（2）养育人引导宝宝找空地方推小车走，不与其他宝宝碰在一起。

4. 游戏结束后，宝宝将材料送回教师处。

六、道别时光：详见 19—24 个月亲子活动固定流程

> 养育人观察宝宝用勺舀球的动作，如果宝宝能协调地舀起球，养育人可在旁用唱数的方式激励宝宝不断练习，也可以有意识地增加颜色难度，引导宝宝舀起相应颜色的球；如果养育人观察到宝宝舀球有困难，可引导宝宝将勺倾斜更大角度，辅助宝宝顺利舀球；如果宝宝使用勺子有困难，养育人可抓住宝宝的手，帮助宝宝练习舀起的动作。

> 球的又一种玩法，养育人观察宝宝腿部的力度和眼脚协调性，观察宝宝能否将球踢进养育人的两腿中间。

> 观察宝宝推着小车能否稳稳地向指定方向走。在家可以用纸盒拴上绳子，让宝宝拖拉毛绒小动物等玩具，锻炼身体动作的协调性。

活动材料

"舀球大赛"操作玩具 　　按摩球与球筐 　　小推车

活动二十九：切切乐

⭐ 宝宝目标

1. 能将切切乐玩具水果一切两半，也能将两半组合成整体。
2. 能根据语音指令拿出相应的水果。

⭐ 活动准备

1. 人手一份材料：切切乐玩具（苹果、香蕉、草莓、菠萝、西瓜等），木砧板，木刀。
2. 摸箱（装有仿真苹果和香蕉玩具，数量多于宝宝人数），分别贴有苹果、香蕉图片的筐。

⭐ 活动过程

一、接待时光
二、问候时光　　详见 19—24 个月亲子活动固定流程
三、韵律时光
四、温馨时光

1. 教师出示摸箱，鼓励宝宝摸出摸箱里的水果玩具。
（1）教师出示摸箱，鼓励宝宝伸手抓出一个水果。

养育人目标：
1. 观察宝宝能否双手配合用玩具刀将"水果"切开及复原成整体。
2. 和宝宝互动游戏，鼓励宝宝尝试说各种水果的名称。

73

教师:摸一摸,摸箱里面是什么?

(2) 教师鼓励每位宝宝摸出两个不一样的水果,说一说水果名称。

(3) 教师和宝宝共同玩"水果藏起来"的游戏。

教师:苹果不见了,苹果变出来……

(4) 场地两边分别放仿真水果与贴有水果图片的大筐。

(5) 宝宝拿着香蕉、苹果走过去放在对应的筐中。

2. 教师出示切切乐玩具,鼓励宝宝学习切水果。

(1) 教师介绍玩具材料:水果、刀、砧板。

(2) 教师示范切水果方法。

教师:拿一个水果放在砧板上,一手扶水果,一手拿刀把,用力切开两半;再拿一个水果……全部切完。

强调:用力切。

(3) 教师示范组合水果的方法:一只手拿半个西瓜,另一只手也拿半个西瓜,合起来变成一个整西瓜。

3. 教师鼓励宝宝玩切水果游戏。

(1) 鼓励宝宝坚持把筐里的玩具全部切完。

(2) 鼓励宝宝尝试将切好的水果玩具组合成一个整体。

五、运动时光:拉个圆圈走走

1. 教师引导宝宝和养育人手拉手间隔站,拉成圆圈。

2. 教师清唱歌曲《拉个圆圈走走》,鼓励宝宝和养育人一起跟随儿歌内容做出走、蹲下的动作。

六、道别时光:详见 19—24 个月亲子活动固定流程

养育人关注要点:

- 养育人观察宝宝是否能按教师的指令举起相应的水果,如"红苹果举起来"。

- 让宝宝对水果和刀有一个感性的认识,培养宝宝以正确的姿势使用小刀,训练宝宝手臂力度和双手配合的协调性。

- 宝宝会满足于操作动作,养育人可先让宝宝自己尝试,养育人从旁观察。如果宝宝不在砧板上切,而是一只手将水果拿在手上,另一只手拿刀切,此时养育人可拉着宝宝的手腕,将宝宝双手放在砧板上,再鼓励宝宝切水果;如果宝宝不会向下切,而是将刀放在蔬果中间做向外拨的动作,此时宝宝手中的刀不会垂直向下,养育人可抓住宝宝手,帮助宝宝感受向下切的动作;如果宝宝不能双手配合切,而是将水果放在砧板上后,单手拿刀切,养育人可抓住宝宝的手,辅助宝宝感受双手协调配合地切。

- 在鼓励宝宝将切好的水果玩具组合成一个整体时,养育人可有意识地将数学价值融入其中,如"两个半个苹果合起来是一个苹果"。

- 通过游戏,宝宝可以学习接纳养育人(和他人拉手);在家中也可以和家庭成员共同玩这个游戏,增进情感交流。

活动材料

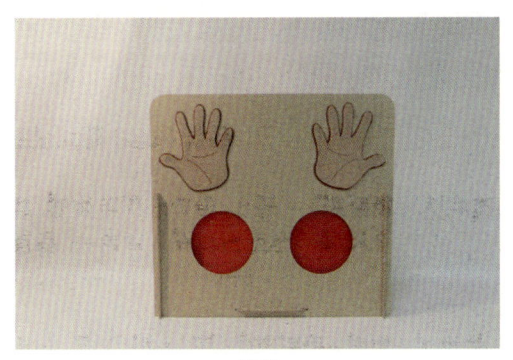

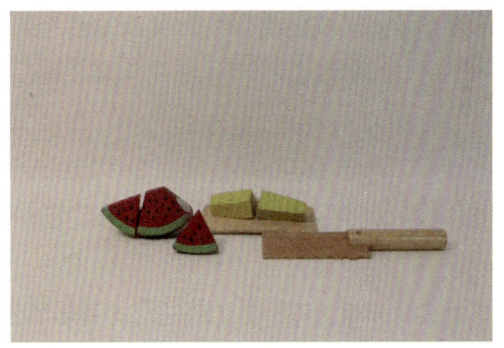

摸箱　　　　　　　　　　　切切乐玩具

歌曲及玩法

拉个圆圈走走

1=F 2/4　　　　　　　　　　　词曲 佚名

```
1 1  2 3 | 1   5 | 1 1  2 3 | 1  5 |
拉个 圆圈 走   走，拉个 圆圈 走走，
```
(教师带着宝宝和养育人拉圈顺时针走动)

```
1 1  2 3 | 4 3  2 1 | 7 5  6 7 | 1 1 ‖
走走 走走，走走 走走，我们 一起 蹲下。
```
(听到"蹲下"时大家一起蹲下)

活动三十：我们不怕大野狼

⭐ **宝宝目标**

1. 愿意和养育人一起玩"大野狼"的音乐游戏。
2. 听懂"跑""停"等语言提示，并做出开枪、躲藏等动作。

养育人目标：
1. 观察宝宝是否愿意听音乐《我们不怕大野狼》。
2. 带动宝宝参与游戏，帮助宝宝理解"跑"和"停"的意思。

⭐ 活动准备

1. 小兔手偶 1 个。
2. 音乐《我们不怕大野狼》。
3. 大野狼叫声声响(可替换为人声现场模仿)。
4. 仿真蘑菇(数量多于宝宝人数)。

⭐ 活动过程

一、接待时光
二、问候时光　详见 19—24 个月亲子活动固定流程
三、韵律时光
四、温馨时光

1. 教师情景表演扮演成小兔子念儿歌,引起宝宝的兴趣。

（1）教师边双脚跳边念儿歌:

小动物白又白！两只耳朵竖起来,蹦蹦跳跳真可爱！

（2）教师:大家知道我是谁吗？

小兔子是怎么蹦蹦跳跳的啊？

（3）请一名宝宝表演动作,集体模仿练习双脚跳动作。

（4）教师带着宝宝边念儿歌边练习向前跳,鼓励宝宝坚持跳到终点。

2. 教师出示仿真蘑菇,带领宝宝来树林里采蘑菇。

（1）教师:这是什么啊？

（2）树林里还有许多蘑菇,我们一起去采蘑菇吧！树林里还可能有大野狼哦,要跟紧爸爸妈妈,注意安全！

3. 播放大野狼的声音,引起宝宝关注。

（1）教师:听,谁的声音？宝宝们快回来,有危险！（回到教师身边）

（2）教师:刚才你们听到了树林里有谁的声音？（再次悄悄出现大野狼的声音）

养育人关注要点:

🐾 引导宝宝和教师互动,说出"小兔子",鼓励宝宝双脚并拢练习兔跳的动作。养育人可观察宝宝能否双脚原地向上跳。

🐾 鼓励宝宝在树林里自己找蘑菇,锻炼宝宝的观察能力。

（3）教师：遇到大野狼的时候要怎么办？

（4）教师通过讨论交代游戏情境：去树林里时要拿好枪，看到狼对准它，狼来了变成石头人不动。

4. 教师播放《我们不怕大野狼》的歌曲，示范游戏玩法。

教师：有一首歌说的也是关于大野狼的事情，我们一起来听一听（边做动作边听歌曲）。

教师带领宝宝一起听音乐做游戏（2—3遍）。

5. 教师带领幼儿森林探险，赶走大野狼。

提醒宝宝听老师语言提示，听到变成石头人学会控制自己不动，不被大野狼发现（2—3次游戏）。

五、运动时光："老狼几点钟"

1. 教师边讲解边演示"老狼几点钟"的游戏。

教师：树林里的大野狼都被赶走了，树林下面还有一只饿肚子的大野狼，它每天3点钟都会出来找吃的，宝宝们听到3点钟的时候就要赶紧蹲下来，不要被大野狼发现哦！

2. 教师带领养育人和宝宝一起玩"老狼老狼几点钟"的游戏，提醒宝宝3点钟的时候就要赶紧蹲下来，锻炼宝宝的快速反应能力。

六、道别时光：详见19—24个月亲子活动固定流程

> 养育人可观察宝宝参与游戏的情况，如果宝宝能根据教师语言提示，做出"跑"和"停"的动作，养育人可鼓励宝宝跟随教师做出打枪动作；如果宝宝在跑动过程中不能根据教师语音及时停下，养育人可在即将停下前给宝宝提示，帮助宝宝提前准备停下；如果宝宝仍不能理解，可在教师语音提示停下时，帮助宝宝停住，进一步理解"跑"和"停"的意思。

> 养育人鼓励宝宝勇敢不害怕，锻炼宝宝胆量。

> 养育人可观察宝宝能否听到老师语言提示快速反应蹲下来。

活动材料

| 白兔手偶 | 仿真蘑菇 |

歌曲及玩法

我们不怕大野狼

1=C 2/4　　　　　　　　　　　　　选自《九酷儿歌》

5 3　1 5	4 3　2	4 3　2	3 2　1
我们 不怕	大野 狼，	大野 狼，	大野 狼，

（顺着一个方向奔跑）

5 3　1 5	4 3　2	4 3　2 5	1　0
我们 不怕	大野 狼，	啦啦 啦啦	啦。

（举起枪对着大野狼的方向Pia!）
（间奏时宝宝定住不动，养育人变成大野狼寻找宝宝）

活动三十一：打蚊子

★ **宝宝目标**

1. 学习用手指蘸印泥，点盖蚊子。
2. 学习说"蚊子""打蚊子"。

★ **活动准备**

1. 人手一份材料：红色印泥1块、印有蚊子图案的底纸1张、蚊子图片1张、湿纸巾1包。
2. 蚊子头饰1个。
3. 音乐：《野蜂飞舞》片段。

★ **活动过程**

一、接待时光 ┐
二、问候时光 ├ 详见19—24个月亲子活动固定流程
三、韵律时光 ┘

养育人目标：

1. 引导宝宝用手指点印颜料，能够手眼协调地完成"打蚊子"游戏。
2. 鼓励宝宝在"打蚊子"游戏中学说"蚊子""打蚊子"。

四、温馨时光

1. 教师出示蚊子图片,引导宝宝认识蚊子。

教师:嘤嘤嘤……谁飞来了?(蚊子)

教师讲述故事,引导宝宝认识蚊子,了解故事内容。

2. 教师戴头饰扮演蚊子,引导宝宝用动作表现被蚊子叮后挠痒痒的动作。

教师:小蚊子会叮人,叮了之后痒痒的,谁会学一学挠痒痒的动作?

教师扮演蚊子,逐一叮每一位宝宝,鼓励其做出挠痒痒的动作。

3. 教师播放《野蜂飞舞》音乐,引导养育人和宝宝共同玩"蚊子叮"的游戏。

(1) 引导养育人先扮演蚊子叮宝宝身上的各部位,引导宝宝挠痒痒。

(2) 养育人和宝宝调换角色,宝宝扮演蚊子叮养育人,养育人挠痒痒。

(3) 跟着音乐《野蜂飞舞》,学玩音乐游戏"打蚊子"。

养育人模仿教师的动作,双手在身体各部位扇动,模仿蚊子飞的动作。音乐结束时,养育人"叮"在宝宝身上,引导宝宝找到"蚊子"拍下去。

(4) 教师引导宝宝和养育人随乐完整玩游戏。

4. 教师出示"打蚊子"材料,帮助宝宝学习打蚊子。

教师:手指按按印泥(红药水),对准蚊子按下去,打到蚊子啦!

(1) 宝宝学习手指点印印泥,点盖蚊子。

(2) 作品完成后用湿纸巾擦手。

五、运动时光:打蚊子

1. 养育人拿着蚊子图片,鼓励宝宝学习原地向上跳,双手拍蚊子图片。

2. 教师在教室的墙壁上悬挂若干蚊子的图片,鼓励宝宝学习原地向上跳,打蚊子。

养育人关注要点:

🎀 养育人观察宝宝能否跟随教师一起阅读图画书、能否模仿教师学说"蚊子"。

🎀 养育人通过扮演蚊子与宝宝做游戏,增进了亲子之间的互动。养育人观察宝宝是否能理解游戏的玩法,引导宝宝了解"叮哪里,挠哪里"。

🎀 养育人通过互动游戏帮助宝宝感受音乐的快节奏,了解游戏的内容,感受打蚊子游戏的乐趣。

🎀 养育人观察宝宝是否能够耐心细致地观察出纸上的蚊子在哪里,自己点印印泥,对准蚊子印下去,锻炼宝宝手眼的协调和精确性。

🎀 当宝宝用力蹬地时,腿部肌肉收缩产生力量,推动身体向上跃起。锻炼宝宝身体的协调性和平衡感。

3. 教师边念儿歌边示范打蚊子的动作：小蚊子飞高高，小宝宝跳一跳，啪一声打中了！

六、道别时光：详见 19—24 个月亲子活动固定流程

活动材料

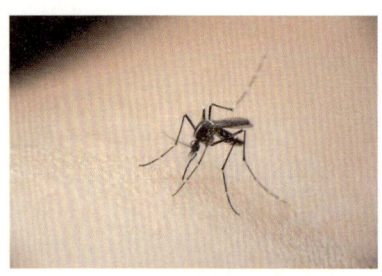

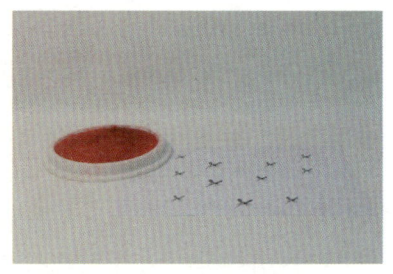

| 蚊子头饰 | 蚊子图片 | 红色印泥、印有蚊子图案的底纸 |

故事

嘤嘤嘤

文　孙海清

嘤嘤嘤，嘤嘤嘤；
蚊子飞来了。
叮……鼓起一个红疙瘩。
宝宝痒，抹药膏。
嘤嘤嘤，嘤嘤嘤，
蚊子又来了，
扇扇子，赶走它，
"啪"的一声打到它。

活动三十二：追小动物

⭐ **宝宝目标**

1. 认识影子。根据影子能辨别出小兔、小蛇、猴子、大象。
2. 在养育人的引导下，学说"竖起来""细又长""弯又长""圆又大"。

⭐ **活动准备**

1. 人手一份材料：玩具手电筒1个、手电筒玩具罩4个。
2. 皮影戏背景板1个、小动物影子材料1份。

⭐ **活动过程**

一、接待时光
二、问候时光　　详见 19—24 个月亲子活动固定流程
三、韵律时光
四、温馨时光

1. 出示皮影玩具背景板，引导宝宝认识影子。

教师边操作小动物影子材料，边念儿歌：小兔耳朵竖起来，小蛇身体细又长，猴子尾巴弯又翘，大象耳朵圆又大。

教师：宝宝们真厉害，一下子就猜出来是谁！这是小动物们的影子，我们一起再来看看吧！

2. 教师用手电筒光照手、照小动物，引导宝宝观看教师表演"变大变小"。

（1）教师用手电筒光照手、照小动物，拉近拉远手电筒，引导宝宝观察地面手和小动物"变大变小"。

（2）宝宝人手一个手电筒，引导宝宝用手电筒照照自己的手，观察光源变大变小。

3. 教师出示手电筒玩具罩，引导宝宝观察上面的图案，了解玩法。

养育人目标：
1. 观察宝宝能否跟随投影图案的移动主动追逐。
2. 观察宝宝能否主动学说"竖起来""细又长""弯又长""圆又大"等词语。

养育人关注要点：
养育人引导宝宝跟随教师表演辨别小动物，并学说"竖起来""细又长""弯又长""圆又大"等词语。

养育人观察宝宝能否将有图案的玩具罩装在手电筒上，并在各个地方照射，进行观察。如果宝宝仅仅是装上，但并不清楚游戏方式，养育人可帮助宝宝先将手电筒照在宝宝脚边，引导宝宝观察到小动物后，再移动光源，引导宝宝观察。

（1）教师：看看罩子上有哪些图案？

（2）教师：拿一个罩在手电筒上，对准墙壁打开开关。哇，能看到墙上有罩子上的影子，手电筒动一动，影子也会动一动呢！

（3）宝宝尝试更换玩具罩，观察不同图案的影子。

（4）试一试让影子跑到不同的地方（墙面、地上、房顶、身上……）。

五、运动时光：踩灯光

1. 教师对着地面，引导宝宝追追、踩踩小动物的影子的游戏规则：小动物们跑得可快啦！宝宝们快来追上它们呀！

2. 教师有意识地先引导宝宝看到影子在哪里，再移动手电筒光源。

3. 养育人与宝宝分别交换拿着手电筒对着地上照一照，玩踩灯光游戏。

> 养育人关注宝宝能否有意识地观察教师手中手电筒光影的位置。观察宝宝快速走、跑的身体平衡能力。

六、道别时光：详见19—24个月亲子活动固定流程

活动材料

玩具手电筒与手电筒玩具罩　　皮影戏背景板　　小动物影子

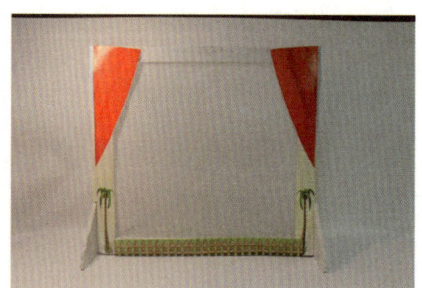

活动建议

此活动在室内进行时，将窗帘拉上，并关上灯光，以保证宝宝更清晰地观察到手电筒找出来的光的位置。也可在阳光明媚的户外游戏，引导宝宝追着教师的影子踩一踩。

23 个月

活动三十三：弯弯的香蕉

宝宝目标

1. 通过观察、触摸、品尝等方式感知香蕉的特征。
2. 学说"黄色""香蕉"等词语。

养育人目标：

1. 引导宝宝自己一手端盘子、一手用木叉吃香蕉。
2. 观察宝宝是否能说出"黄色""香蕉"等词语。

活动准备

1. 人手一份材料：拖拉玩具。
2. 摸袋1个、香蕉2人1根。小刀1把、点心盘1个、湿纸巾1包、木叉（多于人数）、小餐桌2人1张。仿真娃娃1个。

活动过程

一、接待时光
二、问候时光 ｝详见19—24个月亲子活动固定流程
三、韵律时光
四、温馨时光

1. 教师出示摸袋，引导宝宝通过隔着袋子触摸，感知香蕉的特征。

   教师：猜猜摸袋里面是什么呀？

2. 教师边示范摸香蕉边说出形容香蕉的词语，丰富宝宝的词汇，积累语词经验：弯弯的、长长的、黄色的、光滑的、凉凉的等。

养育人关注要点：

☞ 养育人鼓励宝宝跟着教师说一说，通过眼看、手摸、鼻子闻、嘴巴尝的方法，感知各种水果的特征，积累词汇。

☞ 回家以后，养育人和宝宝可以采用迁移运用活动中的认知方式（眼看、手摸、鼻子闻、嘴巴尝）感知各种水果的特征。

83

3. 教师走近每个宝宝,依次让宝宝摸香蕉。

4. 教师剥香蕉,引导宝宝观察,知道香蕉皮、香蕉肉,香蕉剥皮后肉可以吃。

5. 教师边出示小刀边示范切香蕉,引导宝宝观察小刀,告知宝宝不能拿刀,注意安全。

6. 教师、养育人和宝宝一起品尝香蕉。

(1) 教师示范用木叉戳一块香蕉,边吃边说:香蕉甜甜的、软软的,真好吃。

(2) 教师走近每个宝宝,依次让宝宝用木叉戳一块香蕉自己吃。

(3) 教师引导宝宝乐于分享,请养育人吃一块香蕉。

(4) 养育人帮助宝宝用湿纸巾擦干净嘴巴。

7. 亲子游戏:香蕉船。

(1) 教师边念儿歌边和仿真娃娃示范游戏玩法。

(2) 养育人和宝宝互动游戏。

五、运动时光:带着动物去散步

1. 教师出示"小狗"等拖拉玩具,营造游戏情境:小动物也出来玩游戏了,看看有谁?

2. 教师给每个宝宝一个拖拉玩具。

3. 养育人和宝宝拉着小动物,四处走走去散步。

六、道别时光:详见 19—24 个月亲子活动固定流程

> 养育人此时可观察宝宝是否能根据引导尝试说说形容香蕉的词语,如果宝宝不理解,养育人可引导宝宝多感官感受,并匹配相应的词语,帮助宝宝建立感受和词语之间的联系,再引导宝宝跟着养育人说一说。

> 养育人鼓励宝宝说一说香蕉的味道"软软的""甜甜的"。

> 吃水果时,养育人注意相关安全、卫生教育的渗透(宝宝不拿水果刀,有些水果要洗干净才能吃等)。尽量多给宝宝尝试不同的食物,减少宝宝日后挑食的概率。

> 鼓励宝宝尝试拉住绳子的一端圆球,将小动物平稳地放在地上进行拖拉。

活动材料

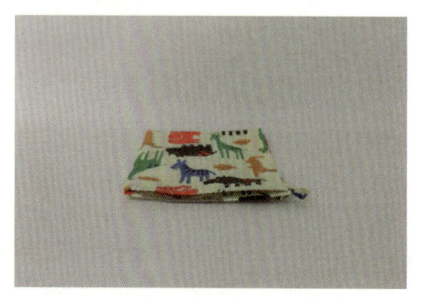

摸袋

拖拉玩具

儿歌及动作建议

香蕉船

香蕉黄,香蕉弯,香蕉像只月亮船。(宝宝坐在养育人的膝盖上,养育人随节奏轮流抬起膝盖)

船里面,睡娃娃,娃娃天天乐哈哈。(养育人随节奏双膝同时抬起 4 次,养育人在"乐哈哈"处向后躺倒再快速坐起)

活动三十四:大皮球

⭐ 宝宝目标

1. 通过观察养育人的示范,尝试随乐将大皮球举高或放低。
2. 在养育人的引导下,学说"高高的""低低的"。

⭐ 活动准备

1. 人手一份材料:皮球 1 个。
2. 音乐《大皮球》;摸袋 1 个、篮球架 1 个、球筐 2 个、平衡板 1 块、仿真娃娃 1 个。

⭐ 活动过程

一、接待时光
二、问候时光 } 详见 19—24 个月亲子活动固定流程
三、韵律时光
四、温馨时光

1. 教师带领宝宝通过多种感官观察、认识皮球。
(1) 教师出示摸袋,教师:猜猜袋子里面有什么?
(2) 教师走近宝宝,逐一让每个宝宝伸手进摸袋摸一摸。猜一猜有什么。

养育人目标:
1. 观察宝宝是否能根据养育人的提示做出相应的动作。
2. 与宝宝互动玩球,引导宝宝感受大皮球"拍得轻跳得低""拍得重跳得高"的特点,帮助宝宝建立语词与动作的联系。

85

（3）教师取出大皮球,教师:原来是皮球。

2. 鼓励宝宝自由探索各种球玩的方法。

（1）养育人陪同宝宝探索发现皮球的不同玩法。

教师:皮球可以怎么玩？（分别请几位宝宝示范）

养育人与宝宝在指定范围内互动玩球。

（2）反馈养育人和宝宝的多种玩法。

教师:刚才你们是怎么玩的？

请养育人反馈,如滚、踢、蹬等玩球方式。

（3）养育人借鉴他人的不同玩法,再次分散游戏。

（4）游戏结束后,宝宝将球送还到教师处。

3. 音乐游戏:大皮球。

（1）教师做出轻轻地拍和重重地拍两种不同的拍球动作。

教师:我在拍球,皮球跳起来了吗？跳得高还是跳得低？

（2）教师抱住跳起来的皮球。教师:我的皮球接住了。

（3）教师边讲解边示范音乐游戏玩法。

教师:宝宝们也可以变成大皮球,跳一跳呢！

（4）教师示范抓住娃娃腋下,表演跳得低和跳得高的动作。

（5）养育人双手扶住宝宝腋下,模仿练习跳得低和跳得高的动作。

（6）在教师的带领下,养育人和宝宝一起配合完整学做动作。

（7）集体围成圆圈玩游戏,感受集体游戏的氛围。

五、运动时光:投篮大赛

1. 教师在场地一端摆放一个装满球的球筐,另一端放1个球架和1个空球筐,中间放一块平衡板。

教师:拿一个球走过小桥,双手将球放进球筐里。

2. 养育人带领宝宝模仿教师行走路线、拿球方法玩游戏。

六、道别时光:详见 19—24 个月亲子活动固定流程

养育人关注要点:

☞ 鼓励宝宝通过在摸袋里摸一摸感受皮球的外部特征,大胆说出自己的猜测,和老师互动说一说"皮球"。

☞ 养育人观察宝宝玩球的动作,可通过示范,引导宝宝做出不同玩球的方法,如扔、滚、踢等。如果宝宝不知道怎样玩球,养育人可抓住宝宝双手让其感受不同的玩球动作,宝宝此时只参与部分双手抱球、松手、捡球的动作即可,不要求能够拍起球来（大部分宝宝做不到）。

☞ 鼓励宝宝观察后说出"高""低"。

☞ 关注宝宝能否将皮球准确地放进球筐,增强手眼协调的能力,锻炼手臂的力量。

活动材料

皮球

歌曲及玩法

大皮球

词曲 佚名

1 = C 4/4　　　　　　　　　　　　　　　　　词曲 佚名

| 3 5 5 — | 3 3 2 1 — | 3 5 5 — | 3 3 2 1 — |
| 大 皮 球　　圆 又 圆， | 拍 一 拍　　跳 一 跳， |

（养育人扶住宝宝腋下，随乐左右晃动宝宝身体）（养育人扶住宝宝腋下帮助宝宝按节奏跳两下）

| 2 2 2 — | 6 1 2 — | 2 2 2 2. | 2 3 5 — |
| 拍 得 轻　　跳 得 低， | 拍 得 重　　跳 得 高， |

（养育人引导宝宝蹲下不动）（养育人扶住宝宝腋下站起来，在"高"的歌词处举高宝宝）

| 5 5 6 5 4 3 2 | 1 1 1 — ‖
| 我 的 皮 球　　接 住 了！

（养育人扶稳宝宝原地转个圈，然后举高宝宝再放下）

活动三十五：玩转奶粉罐

⭐ **宝宝目标**

1. 在养育人语言和动作的带动下，愿意通过踢、滚、敲等动作，让奶粉罐动起来。

2. 在养育人的引导下，尝试模仿小球在奶粉罐中滚动的声音，如"咣啷咣啷"。

⭐ **活动准备**

1. 人手一份材料：奶粉罐 4 个、小勺 2 个、白纸（放进罐中）、湿纸巾、小球 4 个、奶粉勺 2 个。

2. 颜料四盒(红黄蓝绿)、仿真娃娃 1 个、玩具箱 1 个。

3. 音乐《闪烁的小星》(纯音乐版)。

⭐ **活动过程**

一、接待时光
二、问候时光 详见 19—24 个月亲子活动固定流程
三、韵律时光
四、温馨时光

1. 宝宝与养育人自由玩奶粉罐。

（1）教师"变"出一大筐奶粉罐，养育人说说是干什么用的。

（2）教师引导养育人想想奶粉罐可以怎么让宝宝玩一玩。

（3）每个宝宝一个奶粉罐和养育人互动游戏（滚、推、踢、站……）。

（4）教师引导养育人带领宝宝相互模仿游戏。

2. 教师示范奶粉罐搭高游戏。

（1）教师出示更多的奶粉罐(4 个)。

（2）引导宝宝迁移搭布积木等已有经验将奶粉罐搭高。

养育人目标：
1. 观察宝宝和养育人互动时让奶粉罐动起来的动作。
2. 养育人引导宝宝听小球在奶粉罐中滚动的声音，并引导其模仿学说"咣啷咣啷"。

养育人关注要点：
🔖 了解生活中的日常用品也可以是宝宝非常好的游戏材料来源。通过奶粉罐一物多玩，鼓励宝宝语言表达，尝试思考、猜测简单的问题。通过多种动作锻炼宝宝手部控制能力和身体协调能力。

3. 奶粉罐敲击游戏。

（1）教师对比两个奶粉罐，摇一摇，引导宝宝听一听、指一指，找出会响的奶粉罐。

（2）养育人猜测里面发声的可能是什么材料。

（3）养育人带领宝宝打开罐子，引导宝宝拿出勺子，观察摆弄。

（4）养育人鼓励宝宝用勺子随乐进行敲击游戏。

（5）音乐停止后，宝宝将勺子交还给教师。

> 养育人可以观察宝宝敲击奶粉罐的动作，能否双手协调地运用奶粉勺进行敲击。引导宝宝从上面、侧面不同方向进行敲击。

4. 奶粉罐颜料画游戏。

（1）教师出示小球，引导宝宝学说"球"。

（2）教师引导宝宝猜测小球放进奶粉罐中是否会响。

（3）教师提问养育人可以用怎样的方法让罐中的小球发声。

> 养育人用语言、动作鼓励宝宝大胆尝试让罐子发声的方法，如抱着摇晃、放在地上推动等。

（4）宝宝每人一个罐子，养育人放蘸好颜料的球后，宝宝尝试用自己的方法让罐子发声。养育人引导宝宝模仿小球在奶粉罐中滚动的声音，如"咣啷咣啷"。（蘸有颜料的球可用勺子从颜料盒中舀起）

（5）养育人打开罐子拿出里面的纸张，宝宝观察、相互欣赏作品，感受颜料球的印迹。

（6）养育人带领宝宝收拾材料，用湿纸巾擦手。

五、运动时光：踢奶粉罐

1. 教师示范用脚踢奶粉罐，引导宝宝学习踢的动作。

2. 鼓励养育人用脚示范做踢奶粉罐的动作，并引导宝宝倾听奶粉罐在滚动过程中发出的声响。

3. 游戏结束，宝宝将奶粉罐归还给教师。

> 养育人关注宝宝动作发展情况，观察踢奶粉罐时宝宝身体的稳定性，逗引宝宝积极、主动参与游戏。

六、道别时光：详见 19—24 个月亲子活动固定流程

活动材料

| 小球 | 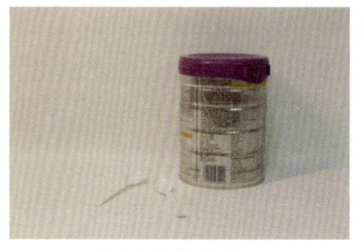 奶粉罐、小勺 |  作品 |

活动三十六：玩具拉链袋

⭐ 宝宝目标

1. 尝试双手交替捏住拉链头，做出打开、合上拉链的动作。
2. 在养育人的询问下，尝试说出自己的拉链袋里装了什么。

养育人目标：
1. 观察宝宝能否自己双手配合做拉拉链的动作。
2. 观察宝宝是否理解"拿一个玩一个"，并说出拉链袋里的玩具名称，如小青蛙等。

⭐ 活动准备

1. 人手一份材料：小动物拉链袋1个、小汽车1个、捏捏乐玩具1个；大龙球1个。
2. 教师、宝宝和养育人身穿带拉链的衣服。

⭐ 活动过程

一、接待时光
二、问候时光 } 详见19—24个月亲子活动固定流程
三、韵律时光

四、温馨时光

1. 出示带拉链的衣服，学习拉拉链的方法。
（1）教师穿上带拉链的衣服，引起宝宝活动兴趣。
教师：天气好热啊！我想拉开衣服，谁来帮帮我？

（2）引导宝宝观察拉链，了解拉链开合和动作的关系。

（3）请一名宝宝尝试拉开教师身上的拉链。

教师：衣服怎么拉开的？抓住什么拉开的？

（4）教师边示范边讲解操作方法。

教师：拇指、食指捏住拉链头，拉链头开火车喽，向下拉，衣服打开；向上拉，衣服合起来喽！

（5）教师走近宝宝，让宝宝逐个练习向下、向上拉拉链动作。

2. 出示动物拉链袋，练习双手配合拉拉链。

（1）教师出示小兔子拉链袋1个，引起活动兴趣。

（2）每个宝宝摸一摸，抱一抱。练习说"小兔，你好！"

（3）教师边示范边讲解拉拉链方法。

教师：摇一摇，会响呢，袋子里藏着玩具哦！

怎样才能拿到玩具呢？

把袋子横着或者竖着放好，一只手抓着小动物，一只手拇指、食指捏住拉链头。拉一拉，袋子打开，拉一拉，袋子关上。

教师：拉开拉链，伸手进去摸摸看，拿出来看看是什么？哇！是个玩具哦，把它拿出来吧。

（4）教师在背后把玩具藏在一只手的手心里，再面向宝宝伸出拳头。

教师边绕拳边介绍游戏玩法：公鸡头，母鸡头，玩具玩具在哪头？

养育人引导宝宝猜一猜、指一指玩具可能在哪只手的手心里。

（5）教师神秘地分别慢慢张开两只手，"变"出玩具。

3. 养育人带领宝宝玩游戏。

（1）宝宝到教师处自选一个小动物拉链袋回到养育人身边练习拉拉链游戏。

（2）教师巡回指导，提醒养育人观察宝宝双手配合拉拉链的动作，指导宝宝两只手都试一试拉拉链的动作。

养育人关注要点：

🎗 养育人给宝宝提供的拉链须为较顺滑且安全的拉链。如果拉链上配有绳或带，不宜过长，以免影响宝宝发力。

🎗 养育人给宝宝拉拉链的时候，将插槽对好，宝宝仅需上下拉动拉链头。

🎗 养育人通过和宝宝增加在拉链袋中藏、找玩具，给宝宝增加反复练习拉拉链的次数，再通过和玩具的互动保持宝宝对材料的兴趣。

🎗 宝宝拉拉链时，养育人配合宝宝的动作，语言指导宝宝理解词语"拉开来""拉起来"，帮助宝宝建立动作、语词和现象之间的联系。

🎗 养育人可观察宝宝拉拉链的动作，如果宝宝拉拉链时，在养育人的辅助下能顺利拉下拉链，养育人可引导宝宝自己双手配合，一只手拿袋子，一只手拉拉链；如果宝宝出现拉扯且拉不下拉链的情况，养育人可以帮助宝宝拉紧拉链附近的部位，引导宝宝继续尝试拉拉链，或养育人拿袋子，宝宝单手拉拉链；如果宝宝仍不能拉下拉链，养育人也可以帮助宝宝将拉链头向下拉一些，降低难度，让宝宝容易成功做到。

91

（3）鼓励宝宝和养育人多次拉开拉链袋，拿出玩具，捏一捏、玩一玩，再装回玩具，拉上拉链袋，反复练习拉拉链动作。

五、运动时光：大龙球

1. 教师出示大龙球，激发宝宝兴趣。

（1）教师边念大龙球的儿歌，边做动作。

（2）养育人引导宝宝尝试双手配合，拍推大龙球进行游戏。

六、道别时光：详见 19—24 个月亲子活动固定流程

> 此时观察宝宝需要边平稳地走边双手配合做出向前推球的动作，养育人可观察宝宝双手是否协调，脚下走步速度、频率是否稳定。

活动材料

小汽车、捏捏乐、小动物、拉链袋　　　　大龙球

儿歌

大龙球

大龙球，真可爱，
拍一拍，跳一跳，
推一推，滚一滚，
手心痒痒真好玩。

活动三十七：图形屋

⭐ **宝宝目标**

1. 辨别方形、圆形、三角形的轮廓"小门"，将相同形状的玩具送进"门"里。
2. 在养育人的引导下，学说"方形回家""圆形回家""三角形回家"等短语。

⭐ **活动准备**

1. 人手一份材料：图形屋玩具1份、小筐1个。
2. 平衡步道2块；大钻桶1个。

⭐ **活动过程**

一、接待时光
二、问候时光 } 详见 19—24 个月亲子活动固定流程
三、韵律时光
四、温馨时光

1. 出示图形屋，引导宝宝观察图形屋。

教师：这个扁扁的、圆圆的玩具看起来像什么呢？

2. 教师边操作边介绍玩法。

（1）教师（分别指着顶部和侧面的洞口）：图形屋有1个大门、很多不同形状的小门。

（2）教师伸手从"大门"里依次拿出玩具排列整齐，并引导宝宝观察玩具的颜色、形状。

教师：图形屋里有宝贝，有圆圆的、方方的……

教师：玩具玩累了，要回家了。谁想送它们回家？这么多小门都可以回家吗？（教师用手捂住大门，请一名宝宝将玩具从小门放进去。）

（3）教师根据宝宝操作情况进行反馈。

教师：原来要找到和玩具形状一样的小门才能回家啊！

3. 养育人引导宝宝完整游戏。

养育人目标：

1. 引导宝宝用试一试的方法，根据玩具形状寻找相同轮廓的"门"。
2. 引导宝宝观察玩具的形状，练习说"方形回家""圆形回家""三角形回家"等相应短语。

养育人关注要点：

🔖 养育人观察宝宝此时是否关注教师手中不同的形状玩具，在养育人的引导下能否说出形状玩具的颜色或形状名称。

🔖 养育人根据宝宝的操作情况判断宝宝对应观察、判断并指导宝宝进行操作。如果宝宝通过目测一次就能找对"小门"送进玩具，养育人可引导宝宝边放边尝试说"××（形状）回家"；如果宝宝边围着"图形屋"转边找相同的"小门"，找到后送进玩具，养育人也可观察不参与，但宝宝每次放进"大门"都应给予语言或眼神的肯定；如果宝宝在不同"小门"中尝试送玩具，直到找对"小门"送进为止，养育人可在宝宝下一次送玩具时，先引导宝宝观察形状，找到门后再对应摆放；如果宝宝找不到一样的"小门"送玩具，养育人可指一个，宝宝送一个；如果宝宝不愿参与活动时，养育人可拿着宝宝的手将玩具送进小门里。

(1) 宝宝到教师处拿一份"图形屋"玩具，养育人观察宝宝的操作。

(2) 引导宝宝先从中间的"大门"拿出所有的玩具放进筐里。

4. 提醒宝宝每个玩具都要从"小门"放进去。

(1) 教师鼓励宝宝坚持完成游戏。

(2) 游戏后，宝宝把"图形屋"送回教师处。

五、运动时光：大钻桶

1. 教师推出大钻桶。

教师：图形屋有个大朋友"大钻桶"，它的"肚子"里可以钻宝宝。

2. 教师边说边引导养育人带领宝宝们排队试一试。

教师：我们排好队，一个一个爬过去。

3. 试爬一次后，养育人带领宝宝坐回原位。

4. 教师反馈宝宝的钻爬动作，表扬独立钻爬的宝宝。

5. 教师在大钻桶两头各加放一块平衡步道，边示范边讲解循环游戏玩法。

6. 养育人引导宝宝排队游戏，鼓励宝宝多玩几次。

六、道别时光：详见19—24个月亲子活动固定流程

> 养育人可观察宝宝能否回忆起已有的爬钻桶经验，手膝着地爬过大钻桶；爬出时是否能较好地通过落差处，顺利爬出。养育人也可观察宝宝身体平衡能力和胆量。

活动材料

图形屋玩具　　　　　大钻桶

活动三十八：纱巾游戏

⭐ 宝宝目标

1. 跟随养育人用多种方式玩纱巾，探索塞进纸筒再拉出来的玩法。
2. 学习说"塞进去""拉出来"。

⭐ 活动准备

1. 人手一份材料：纱巾1条、卷纸筒1个、海洋球4个。
2. 音乐《惊愕交响曲》。
3. 大收纳箱1个。

⭐ 活动过程

一、接待时光
二、问候时光　　详见 19—24 个月亲子活动固定流程
三、韵律时光
四、温馨时光

1. 教师出示纱巾，引起宝宝对纱巾的兴趣。

（1）教师从口袋里变魔术抽出纱巾。

教师：这是纱巾。

（2）教师将纱巾塞进手指洞洞再抽出来。

教师：纱巾钻洞洞，塞进去；纱巾抽出来，变长了。

（3）教师将纱巾蒙住脸，拉下来，和宝宝玩藏猫猫游戏。

2. 教师鼓励宝宝自由玩纱巾。

（1）教师引导宝宝摸一摸纱巾。

教师：纱巾摸起来软软的。

（2）教师引导养育人和宝宝一起玩纱巾。

教师：纱巾可以塞进衣服藏一藏，塞进手心变不见……

3. 教师出示卷纸筒，和宝宝一起玩"卷纸筒坐滑

养育人目标：

1. 和宝宝一起用多种方式玩纱巾，鼓励宝宝能手眼协调地塞、拉纱巾。
2. 用语言帮助宝宝理解"塞进去""拉出来"，并匹配相应的动作。

养育人关注要点：

☞ 养育人观察宝宝是否对纱巾感兴趣，能否跟随教师的游戏寻找纱巾，感受纱巾变出来、藏起来带来的快乐。

☞ 养育人鼓励宝宝能手眼协调地塞、拉纱巾，鼓励宝宝理解将纱巾"塞进去""拉出来"的意思，并能用动作表示。

95

梯"的游戏。

（1）教师出示卷纸筒，引导宝宝观察卷纸筒。

教师：这是卷纸筒，卷纸筒有两个洞洞。

（2）教师示范将纱巾塞进卷纸筒，鼓励宝宝拽出纱巾。

教师鼓励宝宝尝试将纱巾塞进卷纸筒，再拉出来。

（3）教师示范"卷纸筒坐滑梯"。

教师：纱巾钻进小洞洞，一手拿一头。

一上一下，卷纸筒坐上滑梯啦。

教师指导养育人站在宝宝身后，将纱巾拉直，两只手一上一下，让卷纸筒坐滑梯。

（4）宝宝和养育人共同游戏。

4. 教师播放《惊愕交响曲》，和宝宝一起舞动纱巾。

（1）教师跟随音乐边示范边讲解。

A段，抓好纱巾，慢慢走，听到《惊愕交响曲》里定音鼓轰响的声音，将纱巾抛出去。

B段，跟随音乐自由舞动纱巾。

（2）养育人带领宝宝模仿教师动作跟随音乐舞动纱巾。

五、运动时光：纱巾运球

1. 教师介绍游戏玩法和游戏规则：场地分为起点和终点，宝宝和养育人配合拉起纱巾做"小船"，海洋球放在其中。游戏开始，宝宝和养育人配合，轮流站在起点处用纱巾兜住海洋球运到终点处的箱子里。

2. 教师可根据情况，组织宝宝游戏一次，竞赛一次。

六、道别时光：详见 19—24 个月亲子活动固定流程

> 养育人观察宝宝能否模仿跟随教师的动作，鼓励宝宝跟随教师的语言提示做出反应。自由舞动时，如宝宝没有舞动纱巾，养育人可以舞动纱巾逗引宝宝参与游戏。

> 宝宝游戏过程中初步学习和养育人配合运球，锻炼手的稳定性。

活动材料

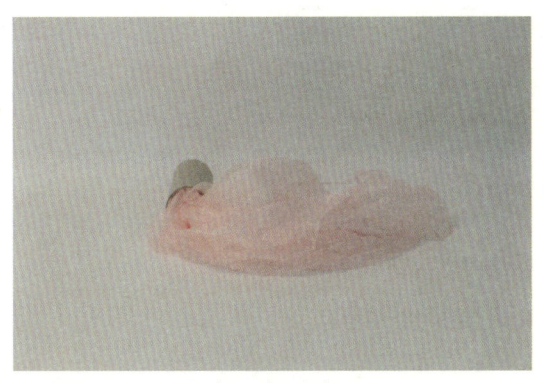

卷纸筒、纱巾

活动三十九：穿花衣的小老鼠

⭐ **宝宝目标**

1. 尝试用捏、撒、拍、按碎毛线的方法，给小老鼠做"花衣"。

2. 在玩"小老鼠上灯台"的韵律游戏中，学说"叽里咕噜""滚下来"。

> **养育人目标：**
> 1. 观察宝宝用了哪些动作和方法给"小老鼠"穿花衣。
> 2. 用语言帮助宝宝理解制作的方法和小老鼠上灯台的游戏。

⭐ **活动准备**

1. 人手一份材料：即时贴"小老鼠"（放入白盘中操作）、装有碎毛线的小盆、毛线"尾巴"。

2. 手偶"小老鼠"一个。

3. 音乐《小老鼠上灯台》。

⭐ **活动过程**

一、接待时光
二、问候时光　详见 19—24 个月亲子活动固定流程
三、韵律时光

97

四、温馨时光

1. 韵律游戏"小老鼠上灯台"。

（1）教师出示手偶"小老鼠"，和养育人一起念出"小老鼠上灯台"的童谣。

（2）在教师的带领下，养育人带领宝宝用手在身上做出一下一下"上灯台"的均匀节奏。

（3）养育人和宝宝面对面随乐玩亲子游戏"小老鼠上灯台"。

2. 给"小老鼠"做"花衣"。

（1）出示"小老鼠"引起活动兴趣。

教师走近，宝宝逐一触摸即时贴"小老鼠"滑滑的质感。

（2）感受软软的碎毛线。

出示毛线盆，教师：我们来摸一摸、抓一抓毛线什么感觉？

教师走近宝宝，让每个宝宝摸摸、抓抓筐里的碎毛线，学说"软软的"。

（3）教师边示范边讲解给小老鼠穿花衣的方法。

教师：怎样帮助小老鼠穿上新毛衣？应该穿在哪一面呢？

教师撕开一只"小老鼠"上的即时贴，让每位宝宝摸一摸手感，学说"黏黏的"。

（4）教师把黏黏的一面放进毛线里，轻轻地按一按、拍一拍，尽量将碎毛线沾满"小老鼠"的身体。

（5）宝宝拿材料，在养育人引导下共同制作"小老鼠"。

养育人提醒宝宝看着"小老鼠"，尽量将"小老鼠"身上放满碎毛线。

养育人给"小老鼠"拴上"尾巴"。

五、运动时光：踩老鼠尾巴（建议在户外）

1. 宝宝们拖着"小老鼠"去散步，引导宝宝平稳地走。

2. 教师鼓励养育人与宝宝玩"踩老鼠尾巴"亲子游戏。

养育人关注要点：

☞ 引导宝宝触摸不同的质地的物品，获得直接体验，丰富宝宝的触觉感受。

☞ 玩碎毛线这类材料时，养育人要陪同，注意不要让宝宝放进嘴、鼻、耳朵里，注意安全。

☞ 养育人观察宝宝的操作过程，用语言指导，鼓励宝宝自己制作，将"小老鼠"身上全部铺满毛线；如果宝宝放一部分毛线后就结束了游戏，养育人可指向未放毛线的地方，引导宝宝摸摸黏黏的底纸，明白需要继续放毛线；如果宝宝只是随意地放，并不集中于黏黏的地方，养育人可抓住宝宝的一只小手感受黏黏的感觉，再帮助宝宝把毛线放上去，直到摸上去不黏了，帮助宝宝理解游戏玩法。

☞ 养育人和宝宝互动游戏，感受不同的运动动作。养育人可观察宝宝能否有目的地踩，且在快速走或跑的过程中保持身体平衡不摔跤。

3. 教师引导宝宝和养育人互换角色多次游戏,感受亲子游戏的乐趣。

六、道别时光:详见19—24个月亲子活动固定流程

活动材料

即时贴"小老鼠"、毛线、碎毛线

歌曲及玩法

小老鼠上灯台

1 = C 2/4　　　　　　　　　　　　　　　　　　词曲　佚名

| 5 5　3 | 5 5　3 | 5 5　3 | 5 6　5 |
　小老鼠　上灯台，　偷油　吃，　下不　来。

(养育人双手手指从宝宝膝盖部位一直爬升至头顶上。)

| 1 1 1 | 1 6 1　5 | 5 5 5 3　2 3 | 1　— ‖
　喵喵喵，　猫来　了，　叽哩咕噜　滚下　来。

(养育人做2下摸脸动作,养育人手指从头顶往膝盖做哈宝宝痒痒动作。)

活动四十：水中舀球

⭐ **宝宝目标**

1. 尝试双手交替，用漏勺舀起水中大小不同的球。

2. 在养育人的引导下，理解并学说词语"舀"和"倒"。

⭐ **活动准备**

1. 人手一份材料：各种球（海洋球、乒乓球、弹力球、串珠球等），漏勺 1 把，篮子 1 个，小凳子 1 个。

2. 装水大塑料盆 3 个、贴有缎带绳的海洋球 1 筐（一头贴有双面胶）、动物投篮架 2 个、平衡步道 1 块。

⭐ **活动过程**

一、接待时光
二、问候时光　} 详见 19—24 个月亲子活动固定流程
三、韵律时光
四、温馨时光

1. 教师滚给每个宝宝一个乒乓球，鼓励养育人和宝宝共同游戏，玩出不同的玩法。

教师：球，圆圆的球，会滚。

（1）教师做出小球滚一滚、再拿住的动作，并用语言描述。

（2）养育人带领宝宝玩球，激发宝宝的游戏兴趣。

（3）游戏结束后，教师引导养育人带领宝宝坐到水盆的旁边来。

2. 教师边讲解边示范"舀球"游戏方法，引导养育人和宝宝了解游戏过程。

（1）教师介绍用大勺子舀球的方法。

教师：哇！水里有好多球！

不用手拿，怎样能拿到球？

养育人目标：

1. 观察宝宝舀球时的动作熟练程度，引导宝宝舀起不同大小的球。

2. 用语言鼓励宝宝说说舀起的球的颜色，观察宝宝是否是有目的地舀球。

养育人关注要点：
📖 此活动训练宝宝的反应能力，锻炼宝宝的手眼协调能力。

（2）教师出示大勺子，引导宝宝学说"勺子"。

教师：勺子有长长的把子，圆圆的大嘴巴。

张开手掌一把抓住把子，圆圆的嘴巴要朝上。

对准小球转手腕，一颗球舀起来；转转手腕，一颗球倒进筐。

（3）每个宝宝一把勺子，空手练习转手腕翻转勺子的动作。

3. 宝宝共同坐在一个大盆边玩舀球游戏。

（1）教师引导2—3名宝宝坐在一个盆边。

（2）养育人坐在宝宝身后观察宝宝动作，引导宝宝将球一个一个舀进自己面前的小篮子里。

（3）在游戏过程中养育人观察宝宝游戏情况，装满一筐球以后就拿到篮筐下放进篮筐里。

五、放松游戏：摘果子

1. 教师介绍游戏玩法，养育人手拿贴有海洋球的缎带绳，逗引宝宝追视、够拿。

2. 宝宝抬头、伸手够下养育人手中贴在缎带下的球，走过平衡步道，投进动物投篮架。

3. 鼓励宝宝反复游戏，走动时注意走稳、不摔倒。

六、道别时光：详见19—24个月亲子活动固定流程

> 观察宝宝的抓握动作是否正确，翻转是否自如。鼓励宝宝边玩边学说"舀"和"倒"。

> 宝宝坐在一起玩帮助宝宝建立最初的同伴概念，培养宝宝愿意与别人一起玩的愉快情绪。

> 养育人观察宝宝用大勺舀球的动作，如果宝宝能协调地舀和倒，养育人可引导宝宝双手都尝试；如果宝宝能做舀起的动作，但倒下时不会转动手腕，而是抬高手臂或以抖动的方式使球掉落，养育人可抓住宝宝手腕，帮助宝宝学习转动手腕的动作，再请宝宝自己尝试。

> 观察宝宝的动作发展、身体控制能力等情况，用语言、动作逗引宝宝主动参与游戏。

活动材料

漏勺、篮、水盆与球

24 个月

活动四十一：小老鼠的尾巴

★ 宝宝目标

1. 和养育人一起将回形针穿起来，为小老鼠添加长长的"尾巴"。
2. 尝试学说"长长的""尾巴"。

★ 活动准备

1. 人手一份材料：小老鼠封塑底版 1 张、放在小盘里的回形针 16 根。
2. 图画书《馋嘴的小老鼠》1 本，音乐《小老鼠上灯台》，拱门 4 个。

★ 活动过程

一、接待时光
二、问候时光
三、韵律时光
四、温馨时光

详见 19—24 个月亲子活动固定流程

1. 教师和宝宝共同阅读图画书《馋嘴的小老鼠》，激发对"长长的尾巴"的认知兴趣。
（1）教师取出拱门 4 个：瞧！今天老师带来了什么？
（2）教师指拱门 4 个封面：看，封面上有谁？
（3）教师边指边慢速念"小—老—鼠"，吸引宝宝

> **养育人目标：**
> 1. 观察宝宝能否听懂养育人的单一指令，并能用动作或语言回应；是否会说"长长的""尾巴"。
> 2. 用动作、语言引导宝宝理解"长长的尾巴"和怎么加长"尾巴"。

> **养育人关注要点：**
> 养育人观察宝宝在阅读图画书的时候能否跟随教师，并尝试多次重复"长长的""尾巴"等词语，引导宝宝模仿回答。

关注相关信息。

2. 教师出示图片,并用插问的方式,引导宝宝回应画面信息。

教师:小老鼠的尾巴怎么样呀?长长的。

教师:尾巴在哪里呀?一起说"长长的尾巴"。

3. 教师出示封塑好的"小老鼠"操作卡,引入"给老鼠穿尾巴"的情境。

教师:吱吱吱,是谁呀?原来是小老鼠!我们一起说"小老鼠好"!

(1) 教师指着操作卡上"小老鼠"的长尾巴。

教师:小老鼠的身后有什么?

引导宝宝摸一摸、说一说"有长长的尾巴"。

(2) 教师出示"短尾巴老鼠"操作卡介绍玩法。

教师:这只小老鼠只有一节短短的尾巴,它也想要长长的尾巴,想请宝宝们帮帮忙。

教师边出示回形针边引导宝宝观察:看我们用什么来给"小老鼠"做尾巴?

(1) 教师靠近每位宝宝,让他们看看、摸摸、说说"这是回形针"。

(2) 教师边讲解边示范用回形针上的小钩子"穿尾巴"。

(3) 教师走近每个宝宝,让他们试着套一根回形针到尾巴上,一直连成长长的尾巴。

4. 请养育人协助宝宝尝试用"勾"的方法玩"穿尾巴"游戏。

(1) 教师递给每个宝宝一份材料。

(2) 请养育人和他面对面坐着,玩"穿尾巴"的游戏。

五、运动时光:我和老鼠做游戏

1. 教师利用拱门创设钻爬的通道,请养育人用"小老鼠"逗引宝宝从拱门里钻钻、爬爬。

2. 宝宝在运动中,教师播放《小老鼠上灯台》的音乐,渲染运动氛围。

六、道别时光:详见 19—24 个月亲子活动固定流程

> 观察宝宝能否注意到小老鼠尾巴的长短变化,养育人可以指一指,引导宝宝注意尾巴的变化,并学说"长长的"。

> 养育人帮助宝宝扶住"小老鼠"的身体,以便于宝宝感知"勾"的动作。在过程中还可将小老鼠的身体提起来,帮幼儿找到尾巴下端连接头。

> 鼓励宝宝左右手都试一试,把所有的回形针都穿完。

> 在钻过拱门的过程中,宝宝需要屈膝弯腰走过拱门。通过一次次的钻钻、爬爬、走走,考验宝宝的空间感和平衡感。

103

活动材料

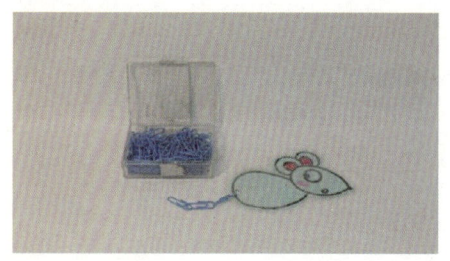

回形针与小老鼠封塑底版　　　　拱门

故事

馋嘴的小老鼠

文　心珑

窸窸窣窣，窸窸窣窣，一只小老鼠悄悄钻出了洞口。啊——好香哦！

咔嚓咔嚓，小老鼠先吃了一个脆脆的苹果。

吧唧吧唧，小老鼠又咬了几口软软的香蕉。

大面包香喷喷，啊呜啊呜，小老鼠吃了许多。

这红红的东西好可爱哦，小老鼠忍不住咬了一大口——哎呀，辣辣辣，原来是红辣椒啊！

这个红红的东西，也会很辣吧？

啊呜，先咬一小口。嗯，真甜！咕嗞咕嗞，咕嗞咕嗞咕嗞……

"嗝——"小老鼠打了一个大大的饱嗝。现在，该回家啦。

"妈妈，妈妈，快来拉拉我呀！"

活动四十二：小毛驴

⭐ **宝宝目标**

1. 模仿养育人随乐做出"骑驴""甩鞭""摔倒"的动作。
2. 学说"小毛驴""骑驴""甩鞭""摔倒"。

养育人目标：
1. 观察宝宝是否愿意跟随教师做模仿动作。
2. 观察宝宝能否用动作回应养育人的问题。

⭐ 活动准备

1. 人手一份材料：串铃。
2. 玩具小毛驴1个，音乐《小毛驴》。

⭐ 活动过程

一、接待时光
二、问候时光　　详见 19—24 个月亲子活动固定流程
三、韵律时光
四、温馨时光

1. 教师出示玩具小毛驴，引导宝宝向小毛驴问好。

2. 教师表演歌曲《小毛驴》，鼓励宝宝学做"摔倒"的动作。

（1）教师边慢速清唱歌曲，边根据歌词内容表演相应的动作。

（2）引导宝宝知道小毛驴摔倒了。

教师：刚才我骑着小毛驴发生了什么事？（摔倒了）

（3）教师鼓励宝宝学做摔倒的动作。

教师：我刚才怎么摔倒的？一起学一学。

教师带领养育人和宝宝一同做身体向后躺倒再爬起来的动作。

3. 教师再次唱歌表演，引导宝宝学习骑驴和甩鞭的动作。

（1）教师用问题帮助养育人和宝宝梳理歌曲中的主要动作。

教师：我是怎么骑毛驴的？一起做一做！
我是怎么扬皮鞭的？一起学一学！

（2）教师慢速清唱歌曲，带领宝宝完整感知《小毛驴》的基本动作1—2遍。

（3）教师播放音乐《小毛驴》，引导养育人与宝宝面对面坐好，跟随音乐的节奏表演相应的动作。

4. 教师出示串铃，引导宝宝说出乐器名称与演奏方法。

养育人关注要点：
🎗 养育人可以及时做出躺下的反应，帮助宝宝理解，可以用动作回应教师的问题。

🎗 活动中，有时宝宝只顾欣赏教师表演，而难以兼顾或跟随做动作时，养育人可以从宝宝身后拉着宝宝的手参与模仿与表演。

🎗 养育人鼓励宝宝学说"小毛驴""骑驴""甩鞭""摔倒"。

(1) 教师介绍串铃。

教师:串铃还会发出好听的声音呢!请你们听一听!

(2) 教师给每个宝宝分发串铃,引导宝宝先自由摇串铃。

(3) 教师清唱歌曲,引导养育人带动宝宝,尝试按两拍一下的节奏敲击串铃。

(4) 教师播放音乐,引导养育人带动宝宝跟随音乐,按两拍一下的节奏敲击串铃。

5. 教师表演小毛驴,鼓励宝宝敲击串铃为教师的舞蹈伴奏。

教师:我又要骑着毛驴出门了,请家长和宝宝用串铃为我伴奏哦!

五、运动时光:快乐的小毛驴

1. 教师鼓励宝宝跟随自己四散骑小毛驴(做往前跑的动作)。

2. 教师更换不同场景带着宝宝骑毛驴。

六、道别时光:详见 19—24 个月亲子活动固定流程

> 养育人先让宝宝有一定的时间充分熟悉串铃,感知声效及敲击的动作。然后,再演示两拍一下的敲击动作提示宝宝从随意散敲转向有节奏的敲击。当宝宝控制不住节奏时养育人可以扶着宝宝的手,帮助其感知两拍一下敲的方法。

> 学小毛驴做四散跑的动作,宝宝需要快速改变方向和速度,这有助于锻炼他们的反应速度和敏捷性。

活动材料

串铃

玩具小毛驴

歌曲及玩法

小毛驴

1=C 2/4　　　　　　　　　　　　　　　中国民歌

1 1　1 3 | 5 5　5 5 | 6 6　6 i | 5　—　|
我有　一头　小毛　驴，我　从来　也不　骑，
（双手架在胸前）

4 4　4 6 | 3 3　3 5 | 2 2　2 2 | 5.　　5 |
有一　天我　心血　来潮，骑它　去赶　集，　我
（双手做骑毛驴的动作）

1 1　1 3 | 5 5　5 5 | 6 6　6 i | 5　—　|
手里　拿着　小皮　鞭，我　心里　正得　意，
（一手架胸前，一手举起挥鞭）

4 4　4 6 | 3 3 3 3 3 5 | 2 2 2 2 3 | 1　—　‖
不知　怎么　哗啦啦 啦啦啦，摔了我 一身　泥。
（双手对拍一下，向后倒下）

活动四十三：花手帕

⭐ 宝宝目标

1. 尝试用挤出不同颜色颜料水滴在白手帕上的方法制作出花手帕。
2. 在养育人的引导下，尝试说出颜料水的颜色。

⭐ 活动准备

1. 人手一份材料：护衣、塑料瓶、装清水的塑料小药水瓶、塑料小盆、干湿纸巾、布手帕（或纱巾）。
2. 白的纸手帕 1 包（张数多于宝宝的人数），分别装有红、黄、蓝、绿颜料的塑料小瓶（瓶数多于宝宝的人数，水：颜料＝1：4），音乐《音乐的瞬间》。

养育人目标：
1. 关注宝宝手部肌肉力量，能否单手或双手捏动颜料瓶，挤出颜料水。
2. 鼓励宝宝对准纸帕挤颜料水，尝试回答养育人提出"这是什么颜色"的问题。

活动过程

一、接待时光
二、问候时光 } 详见 19—24 个月亲子活动固定流程
三、韵律时光
四、温馨时光

1. 塑料瓶挤水游戏。

（1）出示盆、塑料瓶。

教师：盆里有清清的水，塑料瓶里也有清清的水。

教师：怎么样才能把塑料瓶里的水挤出来呢？

（2）教师边示范边讲解玩法：捏一捏，小水滴挤下来了。

（3）教师操作，引导宝宝观察现象。

教师：塑料瓶里的清水挤在盆里会怎么样呢？

滴进水里看不见了，看到的都是透明的水。

（4）教师走到宝宝面前，让宝宝逐个尝试。

（5）练习用塑料瓶挤彩色的水。

2. 教师出示红色颜料水对准塑料盆。

教师：捏一捏，小水滴滴下来了。

教师：咦？清清的水里挤一点红色，再挤一滴，看一看有没有变色，颜料好像在跳舞，慢慢不见了，再挤一滴……

（1）宝宝选一瓶自己喜欢的颜料水，在养育人带领下试试、练练挤水滴的动作。

（2）养育人盖好颜料瓶盖，宝宝擦干手，教师收起水盆。

3. 制作花手帕。

（1）教师出示一张白色的纸手帕，教师：这是什么？

（2）慢慢地打开，教师：白色的纸手帕。

（3）把纸手帕平铺在大盘子里，注意保持地面洁净。

4. 学习制作"花手帕"。

教师：颜料水滴在白色的纸手帕上会有什么神奇

养育人关注要点：
养育人可以寻找类似的工具性玩具或者用一些废旧材料进行替换，既满足宝宝的需求，又促进宝宝的发展。

挤一挤的动作锻炼宝宝手指的力度，瓶子质地软、洞口大的好捏，相反则不好捏。宝宝的手指力度要拿捏得恰当才能挤出一滴水，而不是一条线哦！

养育人可观察宝宝挤塑料水瓶的动作，如果宝宝能双手对准纸张捏动瓶子，一滴滴挤下来，养育人可鼓励宝宝单手操作并尝试两只手都独立做捏挤的动作，如果宝宝双手仍无法挤出颜料水，养育人可观察宝宝抓握眼药水瓶的位置是否合适，及时帮助宝宝调整，或手把手地帮助宝宝感受挤的动作及力度。

注意引导宝宝观察颜料水滴进清水后的现象，养育人用带有惊喜感的语言激发宝宝的观察兴趣。

的事情发生呢？

（1）拿出一瓶颜料水边操作示范边提问。

教师：挤一滴在纸手帕上，哇！水滴慢慢变大了，像什么？（像点点、像圆糖、像小球。）

（2）介绍颜料水的使用方法。

教师：用一瓶拿一瓶，用过的颜料水放回去。

注意：颜料水要挤在纸手帕上，不要挤到盘子外面。

> 在引导宝宝动作练习的同时，鼓励宝宝观察颜料滴在纸手帕上的晕染效果。

4. 宝宝人手一份材料和养育人一同制作"花手帕"。

5. 欣赏作品，宝宝双手捧着托盘，将自己做好的"花手帕"送到教师处展览。

教师：看看我们自己做出了"花手帕"啦！

五、运动时光：布尾巴

1. 教师边讲解边示范玩法：养育人把"尾巴"（布手帕）别在背后边的裤腰处，随乐慢慢走跑，宝宝追逐并抓住拉下尾巴。

> 此游戏锻炼宝宝反应能力。同时可以根据宝宝情况，鼓励宝宝追逐任意养育人身后的"尾巴"，锻炼胆量，接纳他人。

2. 养育人带领宝宝游戏，感受游戏的乐趣。

六、道别时光：详见 19—24 个月亲子活动固定流程

活动材料

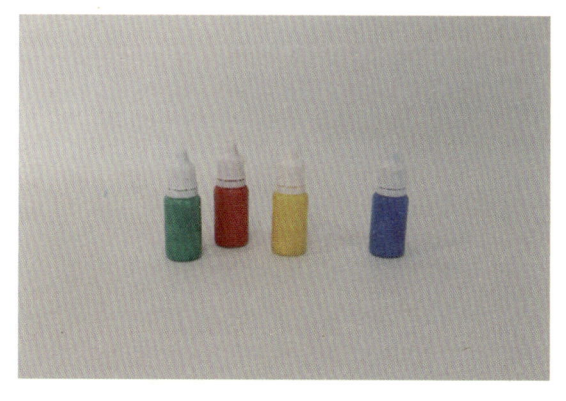

装有红、黄、蓝颜料的塑料小瓶

花手帕

109

活动四十四：花片找家

宝宝目标

1. 能根据罐口的位置调整花片方向，将花片塞进罐子开口里。
2. 能回应养育人的提问用语言表述"在这儿哪！"，回应养育人的提问。

活动准备

1. 图画书本《在这儿哪！》。
2. 人手一份材料：带盖塑料罐1个（罐身上有横竖两个开口，开口长度大于雪花片直径，宽度宽于雪花片厚度。开口周围分别贴上红、绿色即时贴线条）；和瓶上开口颜色相同的大、小花片各5片。
3. 平衡步道2块、彩虹伞1顶、切好多个横竖口的箱子2个。

活动过程

一、接待时光
二、问候时光 ｝ 详见19—24个月亲子活动固定流程
三、韵律时光
四、温馨时光

1. 教师朗读《在这儿哪！》，帮助宝宝了解故事内容。

（1）教师指着图画书封面：这本书叫什么名字？（《在这儿哪！》）。

（2）教师逐页翻书，引导宝宝学习回答"在这儿哪！"

教师：小朋友说了什么？

教师：我们一起再来看一看这本书。

2. 教师边逐页翻书边完整讲述故事。
3. 教师提问故事中的角色，引导宝宝用动作或语

养育人目标：
1. 观察宝宝能否主动摆弄花片，将花片从不同方向的开口处塞进罐子里。
2. 观察宝宝能否按颜色对应塞雪花片。

养育人关注要点：
养育人观察宝宝能否对图书角色、内容有印象，能否回答教师的问题。

言回应"在这儿哪!"

4. 出示雪花片,引导宝宝用语言回应教师提问颜色的活动。

教师:这是什么?是送给大声回答的宝宝的玩具——雪花片。你看到有什么颜色?

教师:数一数有几块雪花片。

(养育人、教师数给宝宝听,感受数序)

宝宝人手一份材料,和养育人一起说一说颜色、数一数数量。

教师说颜色,养育人引导宝宝找到相应颜色,并鼓励宝宝举起雪花片说"在这儿哪"。

5. 教师出示材料瓶。

教师:这是"雪花片的家",它有两扇大门,一扇红色、一扇绿色;一扇横着开,一扇竖着开。

教师走近宝宝,依次让每个宝宝找一找、指一指"瓶宝宝"的嘴。

6. 学习"送雪花片回家"的游戏玩法。

(1)教师边讲解边示范:我们来试试送雪花片回家吧!

教师:把红色的"饼干"送进红色的"门"里,把绿色的"饼干"进送绿色的"门"里。

(2)教师走近宝宝,依次让每位宝宝送一片雪花片"回家",引导宝宝通过转手腕的动作将雪花片塞进"家"里。

7. 每个宝宝一个"雪花片的家"、一份雪花片,养育人陪同宝宝操作游戏。

(1)鼓励宝宝按颜色"送雪花片回家"。

(2)引导宝宝坚持送完雪花片,培养宝宝专注力和耐心。

五、运动时光:送饼干

1. 教师铺好平衡步道,请养育人拉起彩虹隧道,示范游戏玩法。

教师:拿1块饼干(雪花片)爬过"山洞"(彩虹隧道),走过小桥(平衡步道),翻过小山(跨栏),把"饼干"

> 养育人观察在前,提醒在后:先看宝宝是怎么喂"瓶宝宝"的,给宝宝一个探索的机会和过程,让他自己尝试"喂饼干"进去;如果宝宝不能将饼干送进"门"里,养育人可以通过自己转动瓶子的方法鼓励宝宝正确投放,让宝宝体验成功和愉快的情绪;如果宝宝在养育人提示后仍不能将饼干放进去,养育人可拿住宝宝的手,帮助感受尝试将雪花片旋转后放进去的方式。

> 养育人观察宝宝能否找到和瓶子"门"一样颜色的雪花片,如果宝宝不能找到相同颜色的雪花片投放时,养育人可以拿着相应颜色的雪花片放在门边做对比,并说出颜色名称。

> 手上拿着"饼干"钻山洞,增加了难度,引导宝宝快速地爬过"山洞",训练身体协调能力的同时培养宝宝的注意力分配能力。

111

放进"饼干"箱子里(有横竖切口的箱子)。

2. 养育人带领宝宝进行反复游戏。

六、道别时光：详见 19—24 个月亲子活动固定流程

活动材料

雪花片罐与雪花片　　　　　彩虹伞

故事

在这儿呢

[日本]木村裕一　著

维燕　译

皮皮！皮皮！
小鸟皮皮怎么答应？
喳喳，喳——
球球！球球！
小狗球球怎么答应？
汪汪，汪——
咪咪！咪咪！
小猫咪咪怎么答应？
喵喵，喵——
怪兽宝宝，怪兽宝宝！

怪兽宝宝怎么答应？

嗷呜——

优优，优优！

宝宝优优怎么答应？

哎——在这儿哪？

大声回答的好宝宝，快来找妈妈。

哈哈……

看，妈妈做的大蛋糕！

太棒啦！太棒啦！我们都爱好妈妈！我吃啦！

好吃吗？好——吃——呀！

活动四十五：过生日

★ 宝宝目标

1. 练习双手配合切开、合上"蛋糕"，并用塑料蜡烛、水果插进小洞做装饰。
2. 能模仿养育人跟随《生日快乐歌》做拍手或摇摆身体等动作，学说"生日快乐"。

★ 活动准备

1. 人手一份材料：1盆水果插丁（5个）、蛋糕玩具1个。
2. 图画书《过生日》，平衡板1块；音乐《祝你生日快乐》。

★ 活动过程

一、接待时光
二、问候时光　　详见 19—24 个月亲子活动固定流程
三、韵律时光
四、温馨时光

1. 教师出示图画书《过生日》，引导宝宝观察小动

养育人目标：
1. 观察宝宝能否一手扶蛋糕、一手拿玩具刀切开，能否对准洞洞将装饰品插牢。
2. 鼓励宝宝学说"生日快乐"，能愉快地模仿养育人拍手或随乐摇摆身体。

113

物,理解小熊过生日的情境。

（1）教师指着书的封面,引导宝宝了解故事中的主要角色。

教师:封面上有谁呀?指一指。你还看到了什么?（鼓励宝宝说蛋糕）这是谁的蛋糕呢?谁过生日呢?

（2）教师逐页翻书,帮助宝宝初步感知主要角色。

（3）教师带领宝宝再次阅读图画书,边插问边走近每个宝宝,请其指认画面信息:小猪给小熊准备了什么礼物?小兔呢?……

教师:刚才小兔、小猪都给小熊准备了礼物,今天我们也来给小熊送个礼物吧!

2. 教师出示水果蛋糕玩具,营造游戏氛围。

教师:小熊宝宝今天过生日,过生日要吃什么?

教师:蛋糕上面有什么呢?（蜡烛、水果）

教师:蛋糕有几层?我们来数一数:1,2,两层。

教师:两层蛋糕是什么样的呢?（下面大、上面小）

3. 教师出示水果、蜡烛玩具,吸引宝宝装饰蛋糕。

（1）教师边示范插水果的动作边讲解:抓住水果,用水果下面的小棍子对准洞洞插,用力按一按。

（2）教师走近每个宝宝,依次让宝宝试插一个水果并反馈动作情况,再次表演插蜡烛,强调插的动作。

（3）教师给每个宝宝一块蛋糕、一盘水果插丁,引导其练习在蛋糕玩具上插蜡烛和水果。

（4）游戏结束,请宝宝将装饰好的蛋糕送回教师处,教师将其拼成圆形蛋糕后,养育人带动宝宝共同演唱生日快乐歌,引导宝宝随乐拍手、摇摆身体。

五、运动时光:给小熊送礼物

1. 教师边指地面上的平衡板边介绍游戏玩法,引导宝宝给故事书里的小熊送礼物。

教师:我们要给小熊送礼物,可是小熊家在这座小桥的另一头,今天我们要走过小桥才能到达小熊家,你们能慢慢地、安全地走过小桥吗?试一试!

养育人关注要点:
- 养育人引导宝宝重点观察"蛋糕玩具"的结构与特征,为后续的自主操作获取感知经验。

- 插水果及蜡烛时,养育人可以鼓励宝宝独立尝试,尽管玩具的洞眼较小,对宝宝插入的精准度要求较高,但只要宝宝乐于探索,养育人只需在一旁观察即可,勿要急于给宝宝提供帮助,以此锻炼其手指捏物的精细动作能力。如果宝宝兴趣不高,养育人可逗引宝宝一人插一个,如果养育人观察到宝宝是对准洞眼有困难,可握住宝宝的手进行操作,体验成功感,维持宝宝兴趣。

- 养育人可以鼓励宝宝在平衡板上先练习走平衡,体验平衡感。当宝宝做好充分走平衡的准备后,再引导宝宝拿好礼物,玩"给小熊送礼物"的游戏。

2. 教师引导宝宝逐一走过地面的平衡板,表现过桥情节。

3. 教师引导宝宝拿好自己的一块蛋糕走过平衡板小桥,表现给小熊送礼物的情节。

六、道别时光:详见19—24个月亲子活动固定流程

活动材料

蛋糕玩具、水果插丁

故事

过生日

[日本]佐佐木洋子 著

蒲蒲兰 译

嘀——哩——哩——(小兔子采花)

小兔:今天要过生日啦!

啦——啦——啦——(小猪采草莓)

小猪:今天要过生日啦!

吱——吱——吱——(小老鼠画画)

小老鼠:今天要过生日啦!

嘿——嘿——嘿——(小獾熊选玩具)

小獾熊:今天要过生日啦!

哟,是小熊生日呀!

"生日快乐!"

活动拓展

还可让宝宝把笔插入笔筒内，开始用大口的笔筒，慢慢地改用小口的笔筒，或者是仅可插一支笔的笔座。也可以引导宝宝把小的东西装入小口径的容器中等，这些都是训练宝宝手的灵活性和准确性的操作练习。

活动四十六：做蛋糕

宝宝目标

1. 学习将黏土按扁、制作蛋糕，并在蛋糕上插上塑料水果玩具。
2. 愿意学念儿歌，学习说"加点红、加点绿"。

活动准备

1. 人手一份材料：泥工板1块、白色纸黏土2块（一块大的，一块小的）、塑料水果插丁1筐（10个）。
2. 图画书《过生日》中蛋糕的图片1张，彩虹伞1顶、海洋球20个。

活动过程

一、接待时光
二、问候时光 ┐
三、韵律时光 ├ 详见19—24个月亲子活动固定流程
四、温馨时光

1. 教师出示纸黏土，鼓励宝宝认识纸黏土。
（1）教师拿出一块纸黏土。
教师：这是黏土，白色的纸黏土。
（2）教师走近宝宝，请宝宝看一看，闻一闻，摸一摸。
（3）教师边操作边介绍纸黏土的特点。

养育人目标：
1. 鼓励宝宝愿意自己动手戳一戳、按一按纸黏土，引导宝宝感受纸黏土软软的特点。
2. 用动作和语言鼓励宝宝手眼协调地在蛋糕上插上塑料水果玩具。

养育人关注要点：
养育人观察宝宝能否仔细看教师表演，可以丰富宝宝相关的词汇经验，如"软软的"等。

教师:捏一捏,软软的;团一团,像什么? 像小球;压一压,像什么? 像大饼。

2. 教师出示蛋糕图片,引出做蛋糕活动。

(1) 教师边念儿歌边用白色纸黏土做蛋糕。

教师:揉一揉,捏一捏,蛋糕形状就出现。

加点红,加点绿,装饰蛋糕更美丽。

(2) 宝宝学念儿歌,学习说"加点红、加点绿"。

3. 宝宝和养育人一起制作双层蛋糕。

(1) 宝宝做一块蛋糕,养育人做一块蛋糕。

教师:宝宝拿小块黏土,团圆、按扁,变成小蛋糕。

养育人拿大块纸黏土,团圆、按扁,变成大蛋糕。

(2) 将宝宝的小蛋糕放在大蛋糕上,变成双层蛋糕。

4. 教师出示塑料水果,鼓励宝宝装饰蛋糕。

(1) 教师鼓励宝宝思考插丁什么水果是红色的、什么水果是绿色的。

教师:加点红、加点绿,什么水果红红的? 什么水果绿绿的?

(2) 教师介绍塑料水果插丁。

教师:有红色的樱桃、绿色的猕猴桃。

(3) 教师边示范把水果玩具插在蛋糕上边说:大蛋糕,手中拿,我用水果装饰它。

(4) 宝宝自由拿取塑料水果玩具插在"蛋糕"上做装饰。

五、运动时光:顶球球

1. 教师出示彩虹伞,将海洋球倒入伞中,养育人将彩虹伞抬起。

2. 彩虹伞舞动的时候宝宝往彩虹伞下钻,停止的时候宝宝头顶球。

3. 宝宝捡起地上的海洋球,放到彩虹伞上,和养育人继续游戏。

六、道别时光:详见 19—24 个月亲子活动固定流程

> 养育人观察宝宝是否愿意跟随教师一起念儿歌,鼓励宝宝学习说"加点红、加点绿"。

> 养育人观察宝宝是否愿意用纸黏土制作蛋糕,用什么方法制作蛋糕坯。如果宝宝不愿意制作,养育人可以拿着宝宝的手团圆、按扁纸黏土,帮助宝宝感受制作的方法。

> 养育人观察宝宝是否倾听教师的问题,能否回答出什么水果红红的、什么水果绿绿的。

> 向上跳顶球锻炼宝宝腿部的力量和平衡能力。

活动材料

白色纸黏土　　　　　塑料水果插丁

活动四十七：仙人掌树

⭐ 宝宝目标

1. 尝试接插出一棵不倒的仙人掌树，感知仙人掌枝丫是大小不同的。
2. 学说"仙人掌树"和"大大的在下面"。

养育人目标：
1. 鼓励宝宝坚持将自己的一份材料插完。
2. 观察宝宝能否通过操作，感知发现仙人掌球是大小不同的。

⭐ 活动准备

人手一份材料：装在小筐里的仙人掌材料。

⭐ 活动过程

一、接待时光
二、问候时光　　详见 19—24 个月亲子活动固定流程
三、韵律时光
四、温馨时光

1. 出示材料，引出活动。
（1）教师边出示绿色的玩具边讲解：这是什么？
教师：筐里的玩具有一个还是许多个？
（2）教师边拿起一个玩具边帮助宝宝细致观察：

上面有什么？（洞洞）

2. 教师走近宝宝，引导宝宝观察材料。

教师走近每个宝宝，依次让宝宝找一找、指一指：哪个最大？

教师：洞洞在哪里？边指边练习说"洞洞"。

教师：洞洞有什么用？可以插玩具，棍子对准洞洞插进去，小的仙人掌球插在大的上面。

3. 教师边介绍边示范玩法。

教师：找到最大的放在下面，小一些的插在大的上面。

教师走近宝宝，依次让每个宝宝拿一个小一些的绿色玩具插在大的底座上。

教师：看看插好了是什么？一棵仙人掌树。看看哪个宝宝的仙人掌能够站得稳稳的。

4. 教师出示其他材料，边讲解边完成作品。

教师：还有一些最小的彩色的果子，插在绿色的仙人掌树上。

5. 每个宝宝到教师处拿一筐材料，进行操作游戏。

（1）先找到最大的放在下面，然后逐一向上插小的，最后插彩色的果子。

（2）养育人引导宝宝按从大到小的顺序，把所有的材料全部插完。

6. 养育人引导宝宝将插好的"仙人掌树"，放在桌上展览，小筐还给教师。

五、运动时光：走仙人掌小路

1. 教师和养育人将完成的仙人掌成品摆放在地上排成两列，示范走中间的小路。

教师：看看哪个宝宝厉害，会走仙人掌小路，不把它们碰倒。

2. 游戏结束后，听教师指令将仙人掌逐一拆下后送回筐。

六、道别时光：详见 19—24 个月亲子活动固定流程

养育人关注要点：

- 宝宝抓小棍插不进去的时候，养育人可语言提醒宝宝将小棍转一转，也可以扶着帮助按一按。这个游戏能够培养宝宝的耐心。

- 养育人观察宝宝能否注意插稳不倒掉。

- 养育人观察宝宝能否将仙人掌球插进仙人掌底座里，能否坚持将仙人掌球全部插完，通过"试误"不断尝试，接插出一棵不倒的仙人掌树。

- 养育人观察宝宝能否关注仙人掌枝丫大小的不同，将大的插在下面，小的插在上面。如果宝宝并不关注大小，养育人可先不干预，让宝宝发现仙人掌树会倒的不平衡现象。再引导宝宝观察枝丫有不同大小，并示范大的在下面，小的在上面，仙人掌树就不会倒下的方法，再请宝宝自己操作。如果宝宝不能独立完成完整的"仙人掌树"，养育人可以和宝宝一起制作，每人插一个，进行竞赛，通过亲子合作调动宝宝的操作兴趣。

- 养育人观察宝宝能否按照仙人掌小路游戏训练身体动作的协调性，同时关注宝宝和同伴一起排队的集体游戏习惯。

- 如果沿着仙人掌小路走没有困难，养育人可尝试引导宝宝绕着仙人掌小路走，观察宝宝能否控制身体动作不碰倒仙人掌树。此时，第一遍养育人示范走，第二遍可带领宝宝走，第三遍可视宝宝情况，引导宝宝自己绕仙人掌树走小路。

119

活动材料

仙人掌材料

活动四十八：西蓝花

⭐ **宝宝目标**

1. 认识西蓝花，能使用吸管按、戳纸黏土制作西蓝花，感知纸黏土"软软的"、吸管"硬硬的"。
2. 学说"西蓝花""纸黏土软软的""吸管硬硬的"。

⭐ **活动准备**

1. 人手一份材料：绿色纸黏土 1 块、安全的短吸管 2 根、底纸 1 张（放入托盘）。
2. 生西蓝花、已烫熟的小朵西蓝花、木叉（数量多于宝宝人数）、干湿纸巾 2 包、大龙球、大响球（数量多于宝宝人数）。

⭐ **活动过程**

一、接待时光 ⎫
二、问候时光 ⎬ 详见 19—24 个月亲子活动固定流程
三、韵律时光 ⎭

养育人目标：
1. 引导宝宝观察西蓝花的外形特征，并愿意品尝西蓝花。
2. 引导宝宝在制作西蓝花的过程中感受材料的质地，并鼓励宝宝学说"软软的""硬硬的""像花一样的"。

120

四、温馨时光

1. 出示西蓝花,教师引导宝宝感知西蓝花的特征。

（1）教师边示范摸西蓝花边说出形容西蓝花的词语,以丰富宝宝的词汇,积累语词经验:西蓝花、绿色的、硬硬的、像花一样的等。

教师:宝宝们,这是什么呀?你们见过吗?吃过吗?

（2）教师走近每个宝宝,依次让每个宝宝用摸、闻的方式感知西蓝花。

2. 养育人和宝宝一起品尝西蓝花。

（1）教师掰西蓝花,引导宝宝观察,知道西蓝花可以掰成一朵一朵的。

（2）宝宝和养育人一起掰西蓝花,养育人鼓励宝宝说一说西蓝花的特征。

（3）教师出示事先烫熟的西蓝花,示范用木叉戳一朵西蓝花。

（4）教师走近每个宝宝,依次让养育人和宝宝用木叉戳一朵。

（5）养育人引导宝宝边吃边说:西蓝花脆脆的、甜甜的,吃了宝宝身体好……

（6）引导宝宝请养育人和自己分享品尝西蓝花。

3. 学念儿歌《西蓝花》。

教师:西蓝花真好呀,不仅有营养还很好吃。我们来念一首好听的《西蓝花》儿歌吧!

教师:穿件绿衣裳,像个小树杈。

多吃西蓝花,营养好美味。

教师用眼神和每一个宝宝交流,鼓励宝宝和养育人共同拍手念儿歌。

4. 学习制作"西蓝花",了解制作方法。

（1）教师:我想做一朵"西蓝花",可以怎么做?用什么做?

（2）教师边讲解边鼓励养育人说出创意做法。

教师:取一小块绿色纸黏土放在底板上,用手指压扁。

教师:西蓝花花朵的粗糙质感可以怎么做呢?

教师示范用短吸管按戳纸黏土营造"西蓝花"的纹路。

养育人关注要点:

☞ 观察是一种有目的、有计划的感知活动。观察能力的高低首先反映了宝宝感知能力的高低。比如同样是观察西蓝花,观察能力强的宝宝,会通过各种途径去认识西蓝花,看一看、摸一摸、揉一揉、闻一闻……从而又有更多深入的发现。养育人可以在生活中利用宝宝的兴趣,培养

☞ 养育人引导宝宝边掰边说一说西蓝花的特征,积累词汇。

☞ 养育人观察宝宝使用吸管戳纸黏土的动作。如果宝宝能较熟练地控制动作,养育人可全程让宝宝自己操作,仅用语言引导;如果宝宝能拿住吸管向下戳,但未在纸黏土上留下痕迹,养育人可抓住吸管上半部分,帮助宝宝向下戳且戳出痕迹的力度;如果宝宝不会用吸管戳,拿不住或操作不当,养育人可抓住宝宝小手,帮助宝宝理解"戳"的动作,练习小手精细动作。

5. 宝宝每人一份材料,制作"西蓝花"。

（1）养育人与宝宝共同制作"西蓝花"。

（2）教师巡回指导,鼓励宝宝在底纸上制作。

（3）集体欣赏作品,看看、说说"西蓝花"是什么样的。

五、运动时光：大球碰碰碰（建议户外开展）

1. 教师带领宝宝、养育人来到户外,鼓励每个宝宝找到一个大球推一推。

2. 教师引导宝宝推着大球和别人碰一碰。

六、道别时光：详见19—24个月亲子活动固定流程

> 养育人此时先引导宝宝和自己的大球碰一碰,再鼓励宝宝和教师、同伴的大球碰一碰。观察宝宝双手协调"推"的动作同时帮助宝宝发展社会交往能力。

活动材料

西蓝花

绿色纸黏土、底纸

大龙球

大响球

儿歌

西蓝花

穿件绿衣裳,像个小树权。

多吃西蓝花,营养好美味。